中国之旅丛书

# 历史之旅

邓荫柯◎著



五洲传播出版社

**图书在版编目（CIP）数据**

历史之旅 / 邓荫柯著. -- 北京 : 五洲传播出版社, 2024.4

（中国之旅）

ISBN 978-7-5085-5181-4

Ⅰ. ①历… Ⅱ. ①邓… Ⅲ. ①中国历史 Ⅳ. ①K2

中国国家版本馆CIP数据核字(2024)第056502号

**历史之旅**

---

**著　　者**：邓荫柯

**出 版 人**：关　宏

**责任编辑**：刘　波

**图片提供**：东方IC　China Foto Press　五洲传播出版社

**出版发行**：五洲传播出版社

**地　　址**：北京市海淀区北三环中路31号生产力大楼B座6层

**邮　　编**：100088

**发行电话**：010-82005927　010-82007837

**网　　址**：http://www.cicc.org.cn　http://www.thatsbooks.com

**印　　刷**：北京市房山腾龙印刷厂

**版　　次**：2024年4月第1版第1次印刷

**开　　本**：787 × 1092 mm　1/16

**印　　张**：9.5

**字　　数**：42千字

**图 片 数**：161幅

**定　　价**：79.00元

# 目　录

# 前言

中国具有悠久而辉煌的历史：3000年没有间断的、有文献记录的历史，5000年有确切、清晰的口头传说的历史，7000年有考古发掘证实的历史，50万年有实物证实的人类发展过程重要阶段的历史。它不曾间断，不曾式微，更不是在岑寂了若干世纪之后被突然“发现”的文明。尽管中国在近现代曾经有过停滞、落后甚至受到侵略摧残的惨痛回忆，但它始终顽强地彪炳于世界历史的中心舞台，这在全世界著名的文明古国中也是无与伦比的。中国的历史文化和壮丽的中华河山结合在一起，构成泱泱中华无穷魅力亦即软实力的重要组成部分。全世界的许多朋友在关注中国近几十年来复兴奇迹的同时，也对独一无二的中华历史文明产生了越来越浓厚的兴趣，要从历史文明中找出今日中国发展的历史渊源，也要在西方文明现出式微迹象的时候向中国历史文化寻找出路和借鉴。他们不远万里涌向中国，既为了解中国的今天，也为了解中国的过去；既为了解中国的社会发展，也为瞻拜中国的壮丽风光。

我们这本书要带领对中国历史文化有兴趣的读者们去进行一次历史之旅，亲临那些中国历史发生地或相关地，观看甚至触摸那些历史的遗存，倾听岁月留下的遗响，去感知某个历史人物的气息，去感受和认识中国历史的辉煌。历史遗存包括宫殿、庙宇、陵墓、古民居、碑碣、雕塑、壁画、防御工事、水利工程、古道古渡和考古名地、出土文物等等，广泛分布在中国广袤的国土上，标志着不同的历史年代，基本上概括了中国历史各阶段各朝代。它们分布在所有省市，特别是分布在北京、西安、洛阳、开封、南京、杭州、成都、安阳等城市及其周围。还有一些极其重要的历史文化典籍，已经具有了和历史文化名胜一样的地位，也可以成为某段历史文化的出发地。而每一历史名城或地区，往往在不同的历史年代都有历史文化遗存，如首都北京既有洪荒时代的周口店北京人遗址，又有明清的宫殿，以及历史从先秦延续到明代的长城；西安及其周围既有史前时代的半坡遗址，又有秦汉陵墓、汉唐宫殿遗址及明代城垣。这些伟大的历史遗迹大都成为中华名胜的组成部分，是中外旅游者的上选之地，使之能够在了解中国历史源流的同时，浏览自然和人文风光。这本书是“以地带史”，也是“以史证地”，是历史色彩浓重的游览指导，也是地理色彩鲜明的历史纲要。它和一般意义上的风光、都市、文化之旅的路线既有重合也有区分。我们有必要为对历史特别是中国历史有兴趣的朋友提供一份作历史之旅的参考。

我们选出20几个有重大历史价值的纪念地作重点介绍。把这些历史文化景点串联起来，就是中国大致的历史轮廓。旅游到某个历史文化名城时，你也可以确定它的那段历史辉煌在中国整个历史上的时间定位，使自己有在历史长河中漫游的感觉。

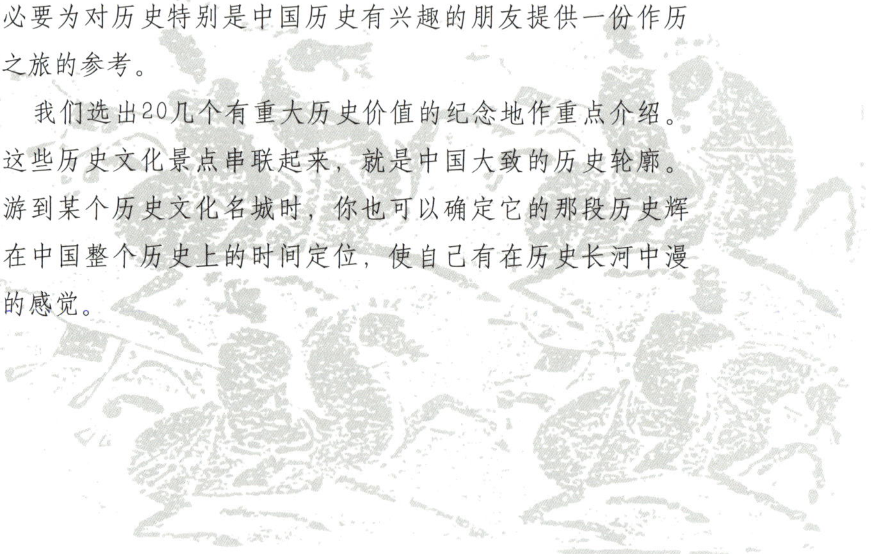

# 周口店
## 远古人类的曙光

周口店北京猿人遗址是世界上迄今为止人类化石材料最丰富、最生动，植物化石门类最齐全而又研究深入的古人类遗址，从中可以寻觅大量的人类远古时期的信息，聆听先人的遗响。这里也是中国丰富的古人类化石遗址的出色代表之一，其他还有云南元谋人、陕西蓝田人等。在世界古人类进化史上具

“北京人”复原像

周口店遗址发掘遗迹（左图）

周口店遗址猿人洞（右图）

有极其重要地位的周口店古人类文化遗址是全球保护得最为完美的遗址，它的发现给中华历史文明谱写了一首美丽庄严的序曲。世界上的古人类遗址大都在荒僻的山野，而唯独周口店古人类文化遗址就在国际大都会、首都北京身边。对于来自五洲四海的朋友来说，这里为他们提供了了解古人类文化的一个极其难得的机遇，同时也是他们从源头上了解辉煌灿烂的中华文明的第一站。

“北京人”遗址位于北京市房山区周口店龙骨山，距北京城约 50 公里，是世界闻名的古人类化石考古和研究基地。在

古人类学家贾兰坡
(1908—2001)

20 世纪初，即有外国来华研究访问的学者对当地龙骨山附近农民在山野间寻觅的一种药材“龙骨”发生了兴趣。奥地利古生物学家师丹斯基（O．Zdansky)、加拿大解剖学家步达生(Davidson Black）等都联想到这可能是一种稀有的古代生物化石。在外国学者和中国古生物学家、地质学家翁文灏、杨钟健等主持下，在周口店进行了发掘，出土了类似原始人类的牙齿化石。1929 年，年轻的古生物学家裴文中经过艰苦努力，发现了基本完整的古人类头盖骨化石和牙齿、骨骼，轰动了世界。学者们把这种古人类命名为“北京人”,并找到了“北京人”使用的石器、骨器及使用火的遗迹，证实 50 万年以前北京地区已有人类活动。他们于 1930 年在龙骨山顶部又发掘出生活于大约 2 万年前的古人类化石，并命名为“山顶洞人”。

1935 年，没有受过专业教育的考古工作者贾兰坡在一个多月之内，又发现了三个北京猿人的头盖骨，对北京人的发掘和研究作出重大贡献。1937 年，日本发动全面侵略中国的战争，三位留守周口店的人被日军残杀，极其宝贵的第一个“北京人”头盖骨也丢失了。后来周口店又发现介于“北京人”和

在龙骨山埋葬着为发现“北京人”做出重大贡献的几位考古学家，他们是杨钟健、裴文中、贾兰坡等。

“山顶洞人”年代之间的“新洞人”，表明了北京人的延续和发展。这些发现和研究，奠定了这一遗址在全世界古人类学研究中特殊的不可替代的地位。出土的北京猿人化石包括头盖骨 6 具、头骨碎片 12 件、下颌骨 15 件、牙齿 157 枚及断裂的股骨、胫骨等，分属 40 多个男女老幼个体。此外，还发现了 10 万件石器材料及用火的灰烬遗址和烧石、烧骨等。“北京人”的平均脑量达 1088 毫升（现代人脑量为 1400 毫升）。据推算“北京人”平均身高为 156 厘米（男）、150 厘米（女）。“北京人”属石器时代，加工石器的方法主要为锤击法，其次为砸击法，偶见砧击法。“北京人”还是迄今发现最早使用火的古人类，并能捕猎大型动物。“北京人”的寿命较短，据统计，68.2% 死于 14 岁前，超过 50 岁的不足 4.5%。

1953 年，在周口店“北京人”遗址建立了博物馆，展出周口店地区的考古出土文物。博物馆面积 4000 平方米，保护面积 2 平方公里。周口店北京猿人遗址展览馆的基本陈列由四部分构成：

烧骨

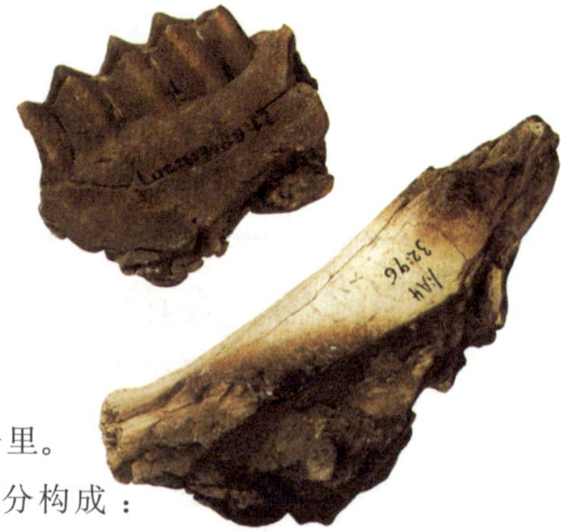

周口店遗址博物馆

“北京猿人”“北京猿人的生活环境”“遗址各地点”和“从猿到人”。陈列中的人类化石不是原件，均为仿真程度极高、足以乱真的仿制品。展出的动物化石、用火遗迹的灰烬都是世界罕见的真品。

联合国教科文组织世界遗产委员会 1987 年 12 月批准周口店北京猿人遗址为世界文化遗产。

2003 年 9 月 21 日开始在周口店遗址博物馆展出的北京人头盖骨化石。这是一块额骨，发现于 1966 年 5 月。

# 黄帝陵
## 中华始祖的传说

离开首都北京，我们去黄土高原的陕西瞻拜黄帝陵。黄帝陵古称“桥陵”，位于陕西黄陵县桥山，是中华民族始祖轩辕黄帝的陵墓。陵前祭亭内树“黄帝陵”碑，陵园入口处有汉武仙台。轩辕庙位于桥山脚下，是历代炎黄子孙祭奠黄帝的场所。庙内建筑沿中轴线依次有山门、诚心亭、碑亭、“人文初祖”殿，东侧为碑亭，西侧为陈列室。院内千年以上古柏16株，其中“黄帝手植柏”历经5000年岁月，堪称世界柏树之冠。黄帝陵区山环水抱，古朴庄严，气势非凡。

陵墓在陕北的黄帝，出生、建立国家、开展事业在哪里呢？据司马迁的《史记·五帝本纪》记载：“黄帝者，少典之子，姓公孙，名轩辕。黄帝居于轩辕之丘。”轩辕之丘在

黄帝陵土冢，石碑上刻“桥山龙驭”四字。

黄帝陵祭亭，亭内竖郭沫若手书的“黄帝陵”碑。

今日河南省新郑市轩辕丘，古为有熊国都城，黄帝之父少典为有熊国国君。新郑位于河南中部，1977年在这里发现的裴李岗文化，证明了早在8000年前中华民族的祖先就在这里繁衍生息，和传说中黄帝生活的时间大致相符。中国古典文献中，也有不少记载说新郑是轩辕故里。据《历代帝都》一书所载：黄帝生于新郑寿丘，即有熊。《一统志》说：“轩辕丘在开封府新郑县。”旧时在新郑县城北关曾立有高约 2 米的石碑一通，上刻“轩辕故里”四个大字。因此碑被一古槐所抱，故俗称“槐抱碑”，在碑附近又建轩辕庙纪念黄帝。如今碑与庙皆毁损湮灭，在原碑所立之处又立起了一通高大的“轩辕故里”标志碑，修复了轩辕黄帝庙。海内外的炎黄子孙纷纷来这里寻根问祖，拜谒轩辕黄帝。

黄帝属姬姓，一说姓公孙，是姬姓部落首领，传说中远古时代华夏民族的共主。根据中国史书的记载，他在战胜炎帝之后，又和炎帝结盟，打败由蚩尤率领的九黎族的入侵，代炎帝成为部落联盟首领。炎帝就是传说中的神农氏，他是一个部

轩辕殿内的石刻黄帝像

落酋长，发明了农业，制造了农具，教民稼穑，让人们从狩猎时代走向农耕时代。神农氏还是医药之神，踏遍青山，尝遍百草，找出了可以治疗疾病的草药，他曾为之中毒72次。后来，他把自己尝百草治疗民间疾病的知识，传给后人，形成了《神农本草经》，记载了365种药物。黄帝统一了中国各部落，建都在新郑（一说涿鹿）。他推算历法；发明指南车，造舟车弓矢；兴文字，作干支，创制乐器。黄帝与炎帝都被看作是华夏民族的始祖，故中国人自称“炎黄子孙”。传说中黄帝的正妃是嫘祖，是发明蚕丝织绸的始祖。

中国上古时代的历史传说是从盘古开天辟地和女娲造人开始的，大致相当于西方的上帝创世和上帝造人阶段。之后便

轩辕殿——祭祀黄帝的主要场所

是三皇五帝传说阶段，有不同的版本，比较常见的说法是，三皇为天皇、地皇、人皇，五帝是黄帝、颛顼、帝喾、唐尧、虞舜；而黄帝既是三皇中的人皇，又是五帝中的一帝，可见他在其中的重要地位。据《史记》记载："黄帝二十五子，得其姓者十四人。"颛顼、帝喾、唐尧、虞舜，以及夏朝、商朝、周朝的君主都是黄帝的子孙。根据司马迁《史记》等历史文献的记载，和近期"夏商周断代工程"专家研究成果，中国古代有确切纪年的历史，始于公元前2070年。黄帝生活的历史大致在此一千多年以前。其逝世后的几千年来，不管朝代如何更迭，帝王如何换来换去，黄帝作为中华民族祖先的地位一直没有动摇过。祭奠黄帝也成为各朝帝王不可或缺的一项祭祀活动。黄

轩辕庙院内何厚铧题词的澳门回归纪念碑和董建华题词的香港回归纪念碑

帝陵成为炎黄子孙慎终追远、缅怀祖先、维系民族感情、加强团结的一个伟大象征。抗日战争全面爆发前夕，为拯救中华民族危亡于水深火热之中，持不同政见的国共两党就曾各派代表于1937年清明节，在黄帝陵举行了盛大的祭祀活动，缅怀这位中华民族的伟大祖先。时任中华苏维埃共和国政府主席的毛泽东为这次祭祀活动撰写了气势恢宏的祭词，曰：

“赫赫始祖，吾华肇造，胄衍祀绵，岳峨河浩。聪明睿智，光被遐荒，建此伟业，雄立东方。世变沧桑，中更蹉跌，越数千年，强邻蔑德。琉台不守，三韩为墟，辽海燕冀，汉奸何多。以地事敌，敌欲岂足，人执笞绳，我为奴辱。懿维我祖，命世之英，涿鹿奋战，区宇以宁。岂其苗裔，不武如斯，

湖南株洲炎帝陵的炎帝雕像

泱泱大国，让其沦胥？东等不才，剑屦俱奋，万里崎岖，为国效命。频年苦斗，奋历险夷，匈奴未灭，何以家为。各党各界，团结坚固，不论军民，不分贫富。民族阵线，救国良方，四万万众，坚决抵抗。民主共和，改革内政，亿兆一心，战则必胜。还我河山，卫我国权，此物此志，永失勿谖。经武整军，昭告列祖，实鉴临之，皇天后土。尚飨！”

1955—1962年，每年的清明节，都由陕西省主持祭奠黄帝的活动，但这种祭祀活动在1963年以后便因故中断了，直到

反映黄帝生平功业（访贤问道、划野分州、缫丝织衣、肇造文明）的"丁亥年黄帝故里拜祖大典"纪念邮品。2007年是农历丁亥年。

1980年才得以恢复。此后，每年的清明节，都由全国人大和全国政协举行隆重的公祭活动。1992年，陕西省对黄帝陵进行了整修。如今，公祭黄帝业已成为中华民族凝聚力的一种表现，不少海外侨胞和港澳台同胞，也不远万里来到黄帝陵，进行祭奠，可见黄帝在其"子孙"心目中的地位是谁也取代不了的。

# 殷　墟
## 中国文字的起源

在全世界不同的语言文字中，汉语，特别是汉字在拼音文字为主流的世界文字中展现出独特的风貌。这种文字的源头在哪里呢？我们去访问中国文字的源头所在地殷墟。殷墟是殷商王朝后期都城遗址，位于河南省安阳市西北25公里的小屯村一带，此地古代名字叫“殷”。公元前14世纪，商王朝第10代国王盘庚，从山东“奄”（今曲阜附近)迁都到“殷”，历史学家称之为殷商王朝。公元前11世纪，帝乙之子辛继位，即纣

1899 年发掘自殷墟的甲骨文残片

王。他是历史上著名的暴君，宠纵妲己，耗巨资建设鹿台，残害臣民，以至众叛亲离。位于今陕西的周部落武王联合诸侯讨伐，决定性战役发生在牧野（今河南淇县境内），纣王失败，自焚于鹿台。殷商王朝在此共传8代10王，历经273载。周灭殷商后，小屯一带的繁华王都逐渐荒芜，殷商文化被湮没地下，沦为一片废墟，后人称“殷墟”。

3000年沧桑弹指而过。19世纪末期，小屯农民耕耘时常翻掘出一些骨片，有的上面带刻痕，统称“龙骨”。“龙骨”被卖给药店治疗疟疾和创伤，并经古董商人作为珍贵药材贩卖到京师一家药店——北京菜市口达仁堂。“龙骨”在北京遇到了古金石学家、国子监祭酒王懿荣。1899年，王懿荣患疟疾，抓了一帖中药。他在检认药物时，惊奇地发现“龙骨”上有纹道，或像人或像兽，经仔细研究考证，系远古图象文字，多记载商代帝王之名，“始知为商代卜骨”。他追踪寻源，曾与古文字学家罗振玉、小说《老残游记》作者刘鹗一起找到这位贩运“龙骨”的古董商，其人故意含糊其词，伪称“龙骨”产

甲骨文发现者王懿荣

殷墟博物馆地宫一角

地在河南汤阴。王懿荣以高价购得甲骨1000余片，但未能求得“龙骨”真实产地。罗振玉第一个高价买知“龙骨”的真实产地，并继续进行了深入的研究。国宝甲骨文的发现不仅是对中国考古和文化史的重大贡献，而且轰动了海内外，“殷墟”亦引起世界瞩目。其重要意义在于，证明了司马迁在《史记》中关于殷商王朝的论述的真实性。可惜，甲骨文的发现者、研究工作刚刚开始一年的王懿荣，在八国联军侵略中国时，以国子监祭酒兼任团练大臣身份御敌兵败，义不受辱，和妻子一起投井殉国。

1928年至1937年，国民政府中央研究院对殷墟组织了15次大规模发掘；“七七事变”后，日本侵略者在殷墟进行了挖

殷墟博物馆内的甲骨文碑林

掘盗运活动。新中国成立以来，殷墟考古有计划地进行。前后经过80多年的发掘，一座座地下“档案库”被陆续打开，基本弄清了“殷墟”的布局和数据。殷墟占地总面积30平方公里；共发现了宫殿宗庙建筑群遗址50多座、王陵大墓12座、贵族平民墓葬数千座、祭祀坑1000座、城壕沟1700多米、手工业作坊5处、车马坑30多座；共出土甲骨16万余片，甲骨文总字数达160余万个，单字4500多个，能认识和厘定为汉字的1700多个；还出土有大批青铜器、玉器、陶器、骨器等。出土的青铜器“后母戊鼎”，重875公斤，居世界之首；“妇好墓”等的发现及出土的大量珍贵文物，轰动了世界史学界和考古学界。

殷墟甲骨文是商代考古中最重要的发现之一，近百年来

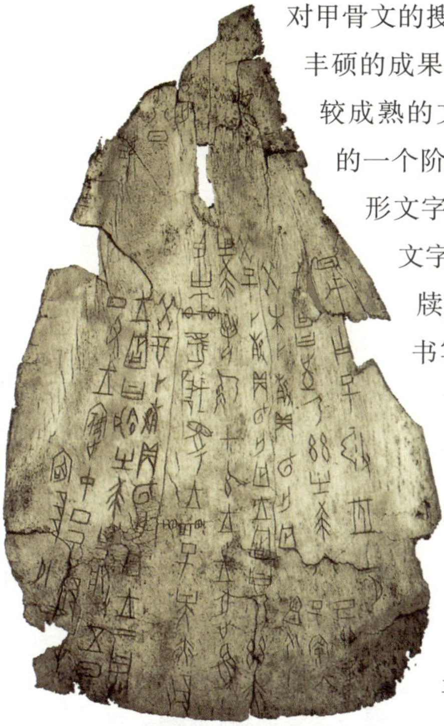

一片较完整的甲骨

对甲骨文的搜集、整理、释读和研究取得了丰硕的成果。研究证明，甲骨文是一种比较成熟的文字系统，是仓颉造字传说中的一个阶段。以甲骨文为起点的中国象形文字系统，和当今世界通用的拼音文字大不相同，它经过了金石、简牍、锦帛等阶段，发展到在纸上书写，并最后形成楷书、行书、隶书、草书等不同字体，也产生了具有中国特色的书法艺术。中国疆域广阔、民族众多、方言纷纭，汉字对维系全国的统一和民众的交往起到了重大作用。汉字系统以其丰富性、广博性经历了时间考

部分甲骨文与现代汉字对照表

验，可以十分充分地表达汉语的内容，以形声字、合体会意字、合体记号字三种形式涵盖了千变万化、无比丰富的汉语内涵。

1961年，殷墟被中国政府定为第一批国家级文物保护单位之一，其重点保护区有两处，一是小屯村一带的宫殿宗庙所在地，是王都的心脏，殷王生活起居和处理政务的地方；二是洹河北岸的武官村北地，是殷代王陵，盘庚迁殷以后的帝王死后都埋葬于此，同时这里还是一处规模宏大的杀人祭祖的祭祀场。

2006年7月，第30届世界遗产大会一致决定，将殷墟作为世界文化遗产列入世界遗产名录。

司母戊铜鼎

复原的妇好墓享堂与妇好塑像。“妇好”之名见于武丁时期甲骨文，从中获知妇好生前曾主持祭祀，从事征战，地位显赫，推断当为武丁配偶。

# 曲阜“三孔”
## 孔子的学说和他的故乡

春秋战国时期，中国的思想文化空前发达，各种学说、思想纷纷涌现，形成“百家争鸣”的局面。所谓“诸子百家”，其实主要指的是以孔子、孟子、荀子为代表人物的儒家，以老子、庄子为代表的道家，以墨子为代表的墨家，以韩非、商鞅为代表的法家，以公孙龙、惠施为代表的名家，以邹衍为代表的阴阳家，以及以苏秦、张仪为代表的纵横家等学派。其中，孔子及其儒家学派在历史上影响最为巨大、深远。

马远《孔子像》

孔子（前551—前479）是春秋末期的思想家、政治家、教育家，儒家学派的创始人，生于鲁国（今山东曲阜），是和耶稣、苏格拉底、穆罕默德、释迦牟尼齐名的世界级伟人。他30岁就招收门徒传播他的学说思想，51岁时担任鲁国司寇（类似于今天的司法部长），后来辞官，带领几十位弟子周游列国，先后去过卫、宋、曹、陈、蔡等国，向国君们宣传他的政治思想和治国理念，但是都没有成功。在14年的漫长岁月里，他颠沛流离，备尝艰辛；各国国君们对他虚与敷衍，实际上冷落，官员们给他制造麻烦，普通百姓也误解他，他甚至受到监视、驱赶，遭受饥饿折磨；但他百折不挠，意志坚定地走过人生的重要阶段。他晚年回到故乡，主要从事教育和文献整理事业，整理了《诗经》《尚

孔庙鸟瞰

书》，修订撰写了中国第一部编年史《春秋》。他倡导“有教无类”的精神，把知识、思想和道德理念尽可能地传播给普通人的子弟。孔子的学生达3000人之多，出色的大弟子有72位，其中有子路、颜回、曾参、子贡等。孔子思想的核心“仁义”，就是爱心、宽容、诚实、正直、原则性、责任感。孔子的思想体系博大精深，却平易质朴，他的思想、观念、哲学主要记录在《论语》里。《论语》是孔子的弟子们搜集、整理他

孔庙大成殿

的语录之集萃，是中国古代最重要的经典，为“四书”之首。

孔子生活的时代，中国分立着几十个国家，虽然尊奉周天子为名义上的最高领袖，但都是各自独立的政治实体。国与国之间互相往来、竞争，也互相征战、吞并，百姓饱受战争的痛苦。这就是春秋时代，其得名是因为一部同名历史著作，相传是孔子根据鲁国史官所编《春秋》加以整理修订而成。该书起于鲁隐公元年（公元前 722 年），止于鲁哀公十四年（公元前 481 年），为中国最早的编年体史书。《春秋》表面上是不加评论的客观历史叙述，实际上于文字中寓褒贬之意，称为“春秋笔法”。解释春秋的有《左氏春秋》《公羊春秋》《穀梁春秋》

孔庙内的杏坛，相传孔子曾在此设坛讲学。

三种。春秋时代是一个经济继续发展、文化不断前进、思想相对自由的时代，也是奴隶制的礼仪、制度相对衰微，各诸侯国之间不断征战、兼并的所谓“礼崩乐坏”的时代。孔子希望恢复到西周时代那种和谐安宁的局面，而西周的局面是靠一系列严格的制度、规矩和礼仪维护的。所以他提倡“克己复礼”，就是人们克制自己的私心和权欲，恢复被破坏的规章制度礼节。而要达到“克己复礼，天下归仁”的目标，就必须规范自己的行为和思想，以仁爱为本。他主张“君君臣臣父父子子”，要求统治者体恤民情，缓和矛盾，百姓遵守法纪，恪尽职守，和谐共处。孔子的思想核心“仁”，显示了他对人性深刻而准确

孔林

御碑亭，共有13座，内有记录历代君臣祭孔、修庙、谒庙情况的石碑55块。（左页上图）

孔府内宅（左页下图）

的把握：人性的美好本质，人性必须给以后天的教化，持之以恒，“学而时习之”，全面提升人的道德素质是社会和谐共处的需要，等等。孔子的学说得到广泛传播，以《论语》中的论述为理论基础，形成了儒家学派。他的思想学说在中国产生了极其深远的影响，成为2000多年来最有影响力的思想体系，是中国封建社会治国者的主要思想根基。北宋宰相赵普有“半部《论语》治天下”的美谈。

孔子作为中华文化的卓越代表和光辉标志，在全世界也产生了巨大影响。在当今西方价值观念受到严峻考验、美好人性和物质利益之间难以平衡协调的情况下，孔子的学说具有越来越明显的吸引力，人们从孔子倡导的宽容、爱心、正直、责任、进取、秩序、和谐中看到了希望。

孔子对中国历代政治和人民的思想、生活产生如此重大、长远的影响是他始料不及的。历代君王们都把孔子的学说和思想当作规范和指针，并给予他特殊的尊荣，称为“至圣先师”，甚至封为“文宣王”，并将尊荣给予世袭的特权。这种过分的尊崇和孔子质朴平易的品格、曲折艰难的一生是不大协调的，但是也促进了孔子思想学说的持久传播和孔子留下的思想遗产的保护弘扬。山东曲阜是孔子的故乡，这里的“三孔”，即孔庙、孔府、孔林，已被列入世界文化遗产名录。

孔庙坐落在曲阜城内，建筑规模十分宏大，雄伟壮丽，金碧辉煌，气象万千。孔庙是祭祀孔子的地方，历经2400多年从未间断，成为中国现存年代最久远的古建筑群。孔庙里有九进院落，以南北为中轴，分左、中、右三路。全长630米，宽140米，有殿堂坛阁460余间，门坊54座，御碑亭13座。孔庙中最重要的建筑为大成殿，是祭祀孔子的主要场所，殿宇宏大，装饰华丽，雕龙石柱精美生动。中间奉祀孔子塑像，两旁为四位重要继承者曾子、颜子、子思、孟子和12位大弟子的塑像。大成殿前的一座方亭杏坛，为当年孔子讲学处，旁有一株参天古桧树，为孔子手植。

孔府在孔庙以东，是世袭“衍圣公”称号的孔子嫡系子孙的住所，是中国仅次于明清皇宫的最大建筑群。孔府占地246亩（合16.4公顷），分中、东、西三路。东路为家庙，西路为学院，中路为主题建筑。

孔林是孔子及其后代的墓园，位于曲阜城北，占地3000亩（合200公顷）。园内广植树木，苍松翠柏，古木森森，碑碣林立，石仪成阵，令人感到庄严肃穆，顿生思古之幽情。

# 《孙子兵法》
## 春秋战国造就的兵学经典

《孙子兵法》是中国古典军事文化遗产中的璀璨瑰宝，其内容博大精深，思想深邃丰赡，论述全面，逻辑缜密。作者孙武，春秋末期兵家代表人物，字长卿，齐国人。他既是一位军事理论家，又是一位军事实践家。他曾以兵法十三篇，晋见吴王阖闾。当时蔡国被楚国侵袭，请求吴国援救，吴王任命孙武为将，率吴军攻破楚国。孙武还率军攻打不服从吴国权威的徐和、钟吾两国，大获全胜。所以说，孙武的军事理论不是仅仅出自思考研究的纸上谈兵，而是经过实战检验的成果。卓越的军事理论家孙武的结局似乎不好。据说，公元前484年，他的朋友、著名将领伍员（子胥）因劝诫吴王被杀，孙武向吴王进谏以拯救伍员未成，他自己也被杀。

《孙子兵法》共十三篇，包括计篇、作战、谋攻、形篇、势篇、虚实、军争、九变、行军、地形、九地、火攻、用间等，全面论述了战略战术的理论和实践问题。认为“兵者，国之大事”，提出“知彼知己，百战不殆”，注重了解情况，全面地分析敌我、众寡、强弱、虚实、攻守、进退等矛盾双方，并通过对战争客观规律的认识和掌握以克敌制胜。还提出“兵无常势，水无常形，能因敌变化而取胜者，谓之神”，

孙武像

强调战略战术上的“奇正相生”、灵活运用。春秋时期百家争鸣的宽松环境催生了这样伟大的军事思想、军事理论的诞生。其内容丰厚宏富，堪称古代的“军事百科全书”。它凝结着春秋时期无数杰出人物智慧的精华，而孙武又是这些杰出人物中的杰出代表。正如明末兵学家茅元仪（《武备志》的作者）所说：“前孙子者，孙子不遗；后孙子者，不能遗孙子。”

《孙子兵法》自问世以来，对中国古代军事学术的发展产生了巨大而深远的影响，被人们尊奉为“兵经”“百世谈兵之祖”。历代兵学家、军事家无不从中汲取养料，用于指导战争实践和发展军事理论。三国时著名的政治家、军事家曹操第一个为《孙子兵法》作了系统的注解，为后人研究运用《孙子兵法》打开了方便之门。《孙子兵法》不仅是中国的谋略宝库，在全世界也久负盛名。它8世纪传入日本，18世纪传入欧洲，至今已经被译成29种文字，在世界上广为流传。据说，1991年海湾战争时，参战的美国军官都奉命带一本《孙子兵法》。

兵书不同于一般的议论和记叙文章。它的内容往往涉及天文气象、地理山川以及战略战术等方面的知识，不是一般文人可以编造的。它是一定社会生活的反映，是实践经验的总结。它是精通文史的军事专家的力作，即使文武双全的人也非一朝一夕可

山东临沂银雀山出土的《孙子兵法》竹简（右页上图）

山东滨州孙子兵法城内的“天下第一剑”。两把剑交叉立于地面是来表现停战止战的意思，寓意和平。（右页下图）

吴王夫差铜剑（左图）

秦始皇陵出土的铜矛

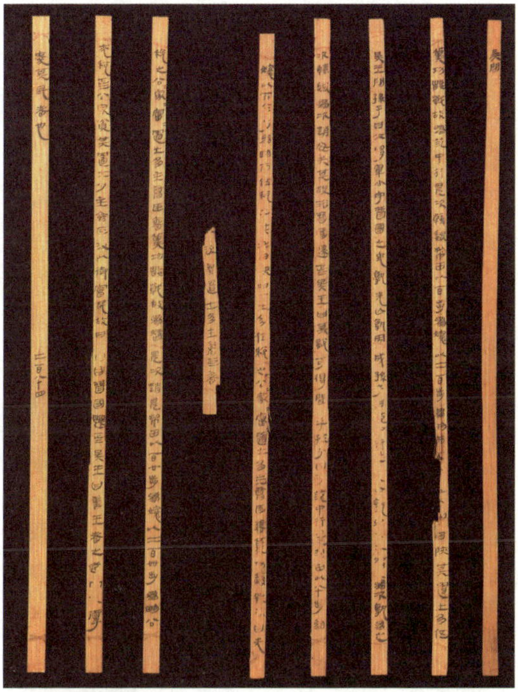

以写就。兵法中所反映的军事哲理，不是一般的文字堆砌，而多是血肉凝成的智慧精华。这其中精警幽玄的哲理，多经过几代人的补益和完善。在一定意义上说，《孙子兵法》只能是一定社会历史条件下的产物。离开了春秋战国这样复杂的社会背景和历史条件，就产生不了包括《孙子兵法》在内的先秦诸子文化。像《孙子兵法》这样的精警之作可能不是成于一人之手，也不可能是一时之作，但伟大的军事理论家孙武在成书过程中起了重要作用，是毫无疑义的。

# 三星堆遗址

## 独立于中原之外的文明

三星堆遗址是中国西南地区的青铜时代遗址，位于四川广汉南兴镇。出四川广汉西三四公里，有三座突兀在成都平原上的黄土堆，三星堆因此而得名。1929年春，当地农民燕道诚在宅旁挖水沟时，发现了一坑精美的玉器，由此拉开三星堆文明的研究序幕。自1931年以后，在这里曾多次发现祭祀坑，坑内大多埋放玉石器和青铜器。

1980年起，考古工作者对三星堆进行了大规模发掘。在遗址中发现城址一座，据认为，其建造年代至迟为商代早期。已知残存的东城墙长1100米，南墙600米，西墙800米，为人工夯筑而成。清理出房屋基址、灰坑、墓葬、祭祀坑等。房基有圆形、方形、长方形三种，多为地面木构建筑。1986年发现的两座大型祭祀坑，出土有大量青铜器、玉石器、象牙、贝、陶器和金器等。金器中的金杖和金面罩制作精美。青铜器除罍、尊、盘、戈外，还有大小人头像、立人像、爬龙柱形器和铜鸟、铜鹿等。其中，青铜人头像形象夸张，极富地方特色；大立人像连座高2.62米（人像高1.63米），大眼直鼻，方颐大耳，戴冠，穿左衽长袍，佩脚镯，是难得的研究蜀人体质与服饰的资料。祭祀坑的年代约当商末周初，被认为是蜀人祭祀天地山川诸自然神祇的遗迹。

青铜大立人像

三星堆遗址博物馆

三星堆的发现将古蜀文化的历史推前到5000年前。这是一个相对独立于中原地区的文化系统，它的发现也验证了古代文献中对古蜀国记载的真实性。传统上认为巴蜀地区在古代是一个相对封闭的地方，与中原文明没有关联或很少有交往。而三星堆遗址的发现证明，它应是商周时期一个重要的诸侯国，它的文化虽然具有独特性，但与中原文化有着一定的渊源。三星堆遗址是我们了解四川地区甚至是西南地区历史文化发展的重要途径。

三星堆文化来自何方？这里数量庞大的青铜人像、动物不归属于中原青铜器的任何一类。青铜器上没有留下一个文字，简直让人不可思议。出土的“三星堆人”高鼻阔目、颧面

铜人头像，二号坑出土。

一号坑出土的金面罩，以金箔捶拓而成，鼻部突起，中有锋棱，制作工艺精良。

突出、阔嘴大耳，耳朵上还有穿孔，不像中国人，倒像是“老外”。四川省文物考古所三星堆工作站站长陈德安认为，三星堆人有可能来自其他大陆，三星堆文明可能是“杂交文明”。

古蜀国的繁荣持续了1500多年，然后又像它的出现一样突然地消失了。历史再一次衔接上时，中间已多了2000多年的神秘空白。关于古蜀国的灭亡，人们假想了种种原因，但都因证据不足始终停留在假设上。水患说——三星堆遗址北临鸭子河，马牧河从城中穿过，因此有学者认为是洪水肆虐的结果。但考古学家并未在遗址中发现洪水留下的沉积层。战争说——遗址中发现的器具大多被事先破坏或烧焦，似乎也印证了这一解释。但后来人们发现，这些器具的年代相差数百年。迁徙说——这种说法无须太多考证，但它实际上仍没有回答根本问题：人们为什么要迁徙？成都平原物产丰富，土壤肥沃，气候温和，用灾难说解释似乎难以自圆其说。那么，古蜀国消失在历史长河的真正原因究竟是什么呢？晚于三星堆、但有相当的延续性的金沙遗址于2001年的发现，也许为解开三星堆文明突然消失之谜提供了一个很有说服力的参考答案。据专家推测，

铜鸟

金沙是继三星堆之后古蜀国新的政治中心，金沙文明存在于商代晚期至春秋早期（约前1200—前650）。至公元前316年，四川地区长期并立的两个政权——巴和蜀都被秦灭亡，古蜀文明从此逐渐融入了华夏文明体系。

三星堆遗址出土的海贝

三星堆出土的大量青铜器中，基本上没有生活用品，绝大多数是祭祀用品，表明古蜀国的原始宗教体系已比较完整。这些祭祀用品带有不同地

铜戈，据推测是在宗教仪式中用作仪仗，而非兵器。

域的文化特点，特别是青铜雕像、金杖等，与世界上著名的玛雅文化、古埃及文化非常接近。三星堆博物馆副馆长张继忠认为，大量带有不同地域特征的祭祀用品表明，三星堆可能曾是世界朝圣中心。在坑中出土了5000多枚海贝，经鉴定来自印度洋。有人说这些海贝用做交易，是四川最早的外汇，有的人则说这是朝圣者带来的祭祀品。“不与秦塞通人烟”的古蜀国，居然已经有了“海外投资”，不可思议。

在祭祀坑中发现了一件价值连城的瑰宝——世界最早的金杖。其权杖之说早已被学术界认同，但所刻的鱼、箭头等图案却引起了一场风波。一个民族必备的文明要素，三星堆都已具备，只缺文字。学者们对此的争论已有些历史，《蜀王本

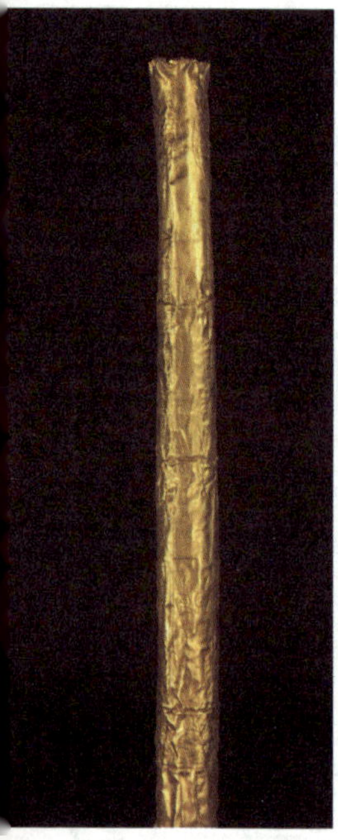

纪》认为古蜀人“不晓文字，未有礼乐”，《华阳国志》则说蜀人“多斑彩文章”。至于金杖上的图案是图是文，仁智各见。有的已在试图破译，另一些专家则认为刻画的符号基本上单个存在，不能表达语言。如果能解读这些图案，必将极大促进三星堆之谜的破解。三星堆在文字方面尚存问号，也是它吸引人的地方之一。

三星堆遗址出土的金杖；金沙遗址出土的金冠带。两者都有人头、箭、鸟、鱼的组合图案，风格也基本一致，这表明了金沙文化与三星堆文化的连续性。

# 秦始皇陵和兵马俑
## 帝国兴亡

秦始皇陵位于陕西省临潼县城以东的骊山脚下，距西安市30多公里。秦始皇嬴政（前259—前210）是一个雄才大略的人物，在齐、楚、燕、韩、赵、魏、秦七国争霸的战国格局中，他对内发展经济增强兵力，对外鼓吹“连横”，大搞“远交近攻”，经过残酷的征战，消灭了东方六国，建立了统一的中央集权的大帝国。他统一了法律、度量衡、货币和文字，修建驰道，实行郡县制，毁弃了诸侯国之间的防御工事，对中国统一和经济发展作出了贡献。但另一方面，他又专制暴虐，视百姓如草芥，视国家财富为自己的财富，横征暴敛，严刑苛法，焚书坑儒，摧残文化。他在位晚期，中国大地已经民不聊生、矛盾激化，如同一只行将爆发的火药桶。秦始皇死后，他的继任者秦二世成了宦官手里的傀儡，政治经济形势更加险恶，终于爆发了陈胜、吴广的大起义，接着是反秦力量由群雄并立到楚汉争雄，推翻了这个庞大的短命王朝。秦始皇陵在嬴政13岁即位时

秦始皇像

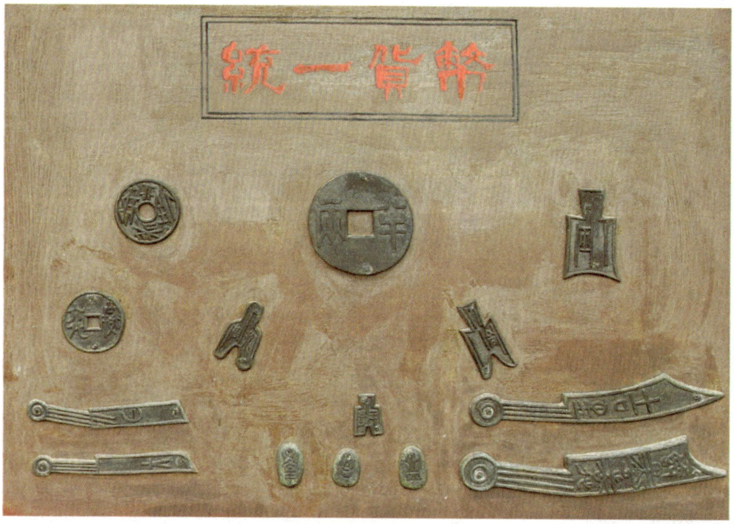


统一货币示意图。秦始皇统一六国后，将各国流通的布币、刀币、圆钱、铜贝统一为外圆内方的圆钱。

就开始营建，由丞相李斯主持规划设计，大将章邯监工，修筑时间长达38年，工程之浩大、气魄之宏伟，创历代封建统治者奢侈厚葬之先例。当时，秦朝总人口约2000万，而筑陵劳役达72万之多。修陵园所用大量石料取自渭河北的仲山、峻峨山，全靠人力运至临潼，工程十分艰巨。

秦始皇陵土陵冢高43米，底边周长1700余米，筑有内外两重夯土城垣，象征都城的皇城和宫城。内城略呈方形，周长3890米，除北面开两门外，其余三面各开一门。外城为长方形，周长6294米，四面各开一门。陵冢位置在陵园南部。

兵马俑坑是秦始皇陵的陪葬坑，位于陵园东侧1500米处。昔日，这里是一片坟地，当地农民在掘墓时曾发现有像人一样的东西。1974年3月，在陵东的西杨村村民抗旱打井时，发现了许多碎陶人。经考古工作者的发掘，才揭开了埋葬于地下2000多年的秦俑宝藏。兵马俑陪葬坑坐西向东，三坑呈品字形排列。最早发现的是一号俑坑，呈长方形，东西长230米，南北宽62米，深约5米，总面积14260平方米，四面有斜坡门

远眺秦始皇陵土冢

道。左右两侧又各有一个兵马俑坑，现称二号坑和三号坑。

秦始皇陵兵马俑陪葬坑，是世界最大的地下军事博物馆。俑坑布局合理，结构奇特，在深5米左右的坑底，每隔3米架起一道东西向的承重墙，兵马俑排列在墙间空当的过洞中。在一号坑中已发掘出武士俑500余件、战车6乘、驾车马24匹，还有青铜剑、吴钩、矛、箭、弩机、铜戟等实战用的青铜兵器和铁器。俑坑东端有210个与人等高的陶武士俑，面部神态、服式、发型各不相同，个个栩栩如生，形态逼真，其中有将军俑、鞍马俑、跪姿射俑等。它们排成三列横队，每列70人，除三个领队身着锁甲外，其余均穿短褐，腿扎裹腿，线履系带，免盔束发，挽弓挎箭，手执弩机，似待命出发的前锋部队。

兵马俑一号坑

其后，是6000个铠甲俑组成的主体部队，个个手执3米左右的矛、戈、戟等长兵器，同35乘驷马战车间隔在11条东西向的过洞里，排成38路纵队。兵马俑虽象征着秦始皇出行时的仪仗卤簿，但其兵强马壮、叱咤风云的气势，则是秦始皇当年灭六国、统天下的浩荡大军的艺术再现，具有强烈的艺术感染力。

秦陵是为独裁者秦始皇期望来世幸福的个人愿望服务的建筑，耗费了国家大部分人力财力。但是，建设者们的勤劳、智慧及高超的技艺，还是凝聚在了这伟大的建筑上。现代来参观的人大都有两种感情交织着，既敬佩古代工匠的伟大创造，又憎恶秦始皇的暴虐无道。秦始皇死后，他的儿子秦二世继续

1 号铜车马

修建秦始皇的陵墓和陪葬的兵马俑坑，进一步加重了人民的负担。陵墓还没有完全建成的时候，中国就爆发了陈胜、吴广领导的农民大起义，接着是贵族项羽和平民刘邦联合力量推翻了秦王朝。三号坑中途中断，四号坑未及放兵马俑，就匆匆填死了，显示出整个工程没有彻底建成就草草收场了。

高级军吏俑；将军俑头像；形象各异的兵马俑。秦俑的"永久艺术魅力"在于它塑造了成千上万个不同身份、不同性格、不同情感的秦军将士的逼真形象。

秦始皇陵是世界上规模最大、结构最奇特、内涵最丰富的帝王陵墓之一，实际上也是一座豪华的地下宫殿。外国元首、学者参观秦俑博物馆后认为，秦俑坑的发现，不仅是中国，也是世界考古史上的一次重大发现，有人说这是世界第八

出土后待复原的兵俑(右图)

奇迹。它可以同埃及金字塔和古希腊雕塑相媲美，是世界人类文化的宝贵财富。

1961年，中华人民共和国国务院将秦始皇陵定为全国重点文物保护单位。1987年，秦始皇陵及兵马俑坑被联合国教科文组织批准列入《世界遗产名录》。

# 霍去病墓和昭君墓
## 汉朝与匈奴的战与和

匈奴是中国古代北方游牧部族，战国末年常扰掠秦、赵、燕北边，三国相继筑长城以拒之。冒顿单于在位时（前209—前174），统一各部，建立国家，统有大漠南北广大地区。其后，匈奴势力渐行扩大到东达辽河，西越葱岭，北抵贝加尔湖，南望长城，成为历史上第一个草原游牧帝国。西汉初年，匈奴不断南下侵掠。公元前200年，围汉高祖刘邦于白登山（今山西大同东北），遂迫汉朝实行和亲政策，且岁奉贡献，并开关市与之交易。然而，匈奴仍屡屡背约南侵，成为汉朝一大边患。汉武帝（前140—前87年在位）时，西汉国力强盛，曾三次（前127、前121、前119年）大举出兵反击匈奴，匈奴势力渐衰。

至东汉初年，匈奴分裂为南北两部，日逐王率 4 万多人南下附汉，称为南匈奴，被汉朝安置在河套地区。留居漠北的称为北匈奴。公元 89 年到 91 年，南匈奴与汉联合夹击北匈奴，

霍去病墓，位于陕西兴平县茂陵东北。

甘肃省酒泉市酒泉公园，因园中有酒泉而得名。史传汉武帝元狩二年（公元前 121 年），骠骑将军霍去病西征匈奴，大获全胜于此，武帝赐御酒以赏，霍去病认为功在全军，人多酒少，遂倾酒于泉中，与将士共饮，故有“酒泉”之名。

先后败之于漠北和阿尔泰山，迫使其西迁，从此北匈奴就从中国古书中消失。多数学者认为，欧洲史上的匈人就是西迁的北匈奴。

在中国和匈奴长期的战争中，有两个历史人物铭刻在史册上：霍去病和王昭君。

霍去病（前 140—前 117），汉武帝时的名将，主要以抗击匈奴而建功。他是大将军卫青的外甥，母亲卫少儿是汉武帝皇后卫子夫的姐姐。霍去病很擅长骑射，在公元前 123 年随大将军卫青出征北击匈奴时，他率领八百精锐骑兵离开大部队几百里去追击匈奴，最后歼敌 2028 人（其中有相国和单于的祖父），活捉单于叔叔，战后被封为“冠军侯”。

公元前121年，霍去病升任骠骑将军，率领一万骑兵出陇西，越过了焉支山（今甘肃山丹东南）达千余里，斩杀匈奴折兰王，俘获浑邪王的儿子，歼敌8000人。同一年的夏天，霍去病再次出陇西、北地两千多里，越过居延泽，进击祁连山，俘虏了酋涂王，捕斩3万余人，受降2500人，自己损失不到十分之三。这次歼灭战沉重地打击了匈奴右部。

当年的秋天，匈奴单于对于浑邪王屡次战败、损失惨重非常不满，盛怒之下有了杀掉浑邪王的打算。浑邪王和休屠王商议投降汉朝。汉武帝担心他们诈降，于是派霍去病领兵迎接。霍去病渡过黄河，接近浑邪王的部队，但浑邪王的一些部下看到汉军后改变了主意，纷纷溃逃。霍去病赶到浑邪王大营和他商议，斩杀不想投降的部下8000人，最后，浑邪王率部4万多人归顺汉朝。霍去病这次受降成功，最终使河西地区得以长期安定，汉朝也从此打通了到西域的道路。公元前117年，汉武帝利用匈奴认为汉朝不敢深入大漠作战的心理，命卫青、霍去病各率骑兵5万，加上预备马匹4万和步兵、辎重兵共几十万人，分别出击匈奴。霍去病从代郡出发，俘获匈奴屯头王、韩王等，以及将军、相国、当户、都尉等83人，歼敌7万余人。霍去病因此加封5800户，拜大司马骠骑将军。汉武帝非常器重霍去病，曾想给他修建豪华的宅邸，霍去病豪爽地回答道："匈奴未灭，何以家为？"这句话成了历代卫

"马踏匈奴"：一匹骏马昂首挺立，蹄下踏着一个匈奴贵族。这是汉武帝为纪念霍去病而命人雕刻的石像之一，立于霍去病墓前。

国将领和爱国志士表达先公后私的爱国豪情的一句箴言。公元前117年，霍去病因病而死，年仅23岁，武帝悲痛异常，下诏令陪葬茂陵（汉武帝自己的陵墓，位于陕西西安西北的兴平县）。武帝给他修的陵墓外形很像祁连山，象征霍去病生前驰骋鏖战的疆场。

霍去病墓前共有16件石刻，包括石人、石马、马踏匈奴、怪兽食羊、卧牛等，题材多样，雕刻手法简练，造型雄健遒劲，古拙粗犷，是中国迄今为止发现的时代最早、保存最为完整的大型圆雕工艺品，在中国美术史上占有重要的地位。

王昭君（前52—前19），名嫱，出生在今湖北省兴山县宝坪村。西汉元帝时被选入宫，居数岁不得见帝。公元前33年，匈奴呼韩邪单于入朝，自言欲娶汉家女为妻。昭君自请嫁

宫素然《明妃出塞图》（局部）

昭君墓前的蒙汉和亲雕塑

“青冢”昭君墓

昭君故里——
湖北省兴山县宝坪村
的昭君纪念馆

匈奴。临别，元帝方惊其美，深感后悔，但不好更改，为了取信于匈奴，只好忍痛割爱，把昭君嫁给呼韩邪单于。为了纪念昭君出塞和亲，汉元帝将这年改元“竟宁”，意为边境安宁。呼韩邪单于封昭君为“宁胡阏氏”（皇后）。晋时避司马昭讳，改称明君或明妃。后来，世人称昭君为“和平使者”。

昭君墓位于内蒙古呼和浩特市南郊的大黑河畔，是史籍记载和民间传说中王昭君的墓地，距今已有2000余年的历史，现为内蒙古自治区的重点文物保护单位。墓体状如覆斗，高达33米，底面积约13000平方米，是中国最大的汉墓之一。昭君墓因被覆芳草，碧绿如茵，故有“青冢”之称。“青冢”兀立，远远望去，显出一幅黛色朦胧、若泼浓墨的迷人景色，历史上被文人誉为“青冢拥黛”，成为呼和浩特的八景之一。

在中国历史上，王昭君是一位献身于中华民族友好事业的伟大女性。在民间百姓中，昭君是美的化身。数千年来，她的传说、故事在中国民间广为流传，家喻户晓。自唐、宋以来，历代文人咏唱昭君、抒发情感的诗文、歌词、绘画、戏曲更是多不胜数，形成了千古流传的昭君文化。历史学家翦伯赞赞美道：“王昭君已经不是一个人物，而是一个象征，一个民族友好的象征；昭君墓也不是一个坟墓，而是一座民族友好的历史纪念塔。”

# 《三国演义》
## 追寻三国英雄的足迹

中国百姓最喜爱的、影响最广泛的一部历史小说是《三国演义》，而《三国演义》是以历史著作《三国志》为基础创作的。《三国志》是一部记载魏、蜀、吴三国鼎立时期的纪传体国别史。其中，《魏书》30卷、《蜀书》15卷、《吴书》20卷，共65卷。记载了从魏文帝黄初元年（公元220年）到晋武帝太康元年（公元280年）间60年的历史。作者是西晋初的陈寿。陈寿虽然名义上尊魏为正统，实际上却是以魏、蜀、吴三

诸葛亮隐居地：湖北襄阳古隆中

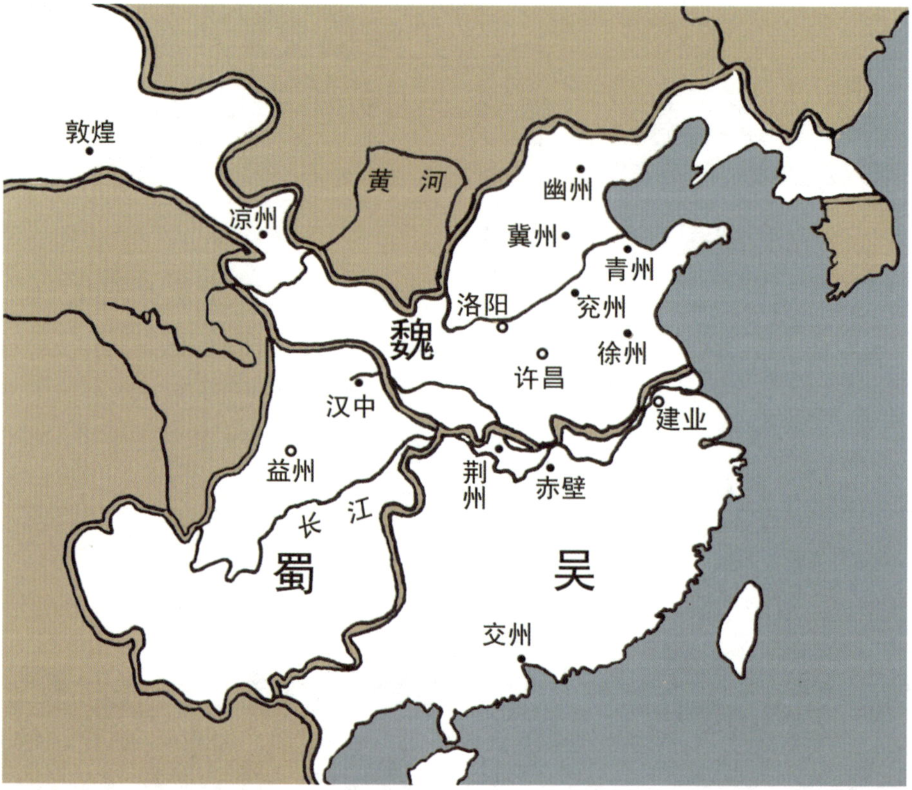


三国鼎立图

国各自成书，如实地记录了三国鼎立的局势，表明了它们各自为政，互不统属，地位是相同的。

东汉末年，朝纲紊乱，政治腐败，流民遍地，暴动不断。豪强势力借平定黄巾军起义的机会迅速增强，起兵割据自立，东汉统治名存实亡。在这些割据者中，势力最强也最活跃的是袁绍和曹操。

曹操初据兖州，继而收编了青州黄巾军30万，势力渐强。他又将洛阳的汉献帝迎至许昌，挟天子以令诸侯，在政治上得到了优势。建安五年（公元200年），袁绍与曹操在官渡（今河南中牟东北）展开决战，曹操大败袁绍，成为北方最强

广州陈家祠窗棂木雕画：三国演义之“三顾茅庐”和“赤壁之战”。三国文化已经深深地融入中国的传统文化中。

湖北赤壁市赤壁大战陈列馆

的军事集团。曹操为继续实现其一统天下的雄心，于建安十三年（公元208年)率军南下，占领荆州，与在长江中下游的孙权对垒。此时正在流亡中的汉皇室后代刘备也起兵欲兴汉室，率荆州的残余势力与江东的孙权结合，形成孙刘联合抗曹的形势。刘备派军师诸葛亮游说孙权出兵，孙、曹大军在赤壁会战。曹操大败，退回北方，刘备得以占据荆州，后入成都。建安二十五年（公元220年)曹操死，其子曹丕取代汉献帝，建国号魏。次年，刘备在成都称帝，国号汉（一般称蜀或蜀汉）。公元229年，吴王孙权在建业称帝，国号吴。三国分立时代正式开始，曹、孙、刘三大势力成鼎足之势。三国并存时间约34年（公元229年至263年)，但纷争局面长达90年之久（公元

成都武侯祠（上图）

成都武侯祠内的蜀汉人物塑像（下图）

190年至280年）。三国的军事实力以魏国最强，吴国次之，蜀国最弱，因此取代魏的晋最终完成了统一大业。三国中以吴国的时间最长，共52年；次为魏，共45年；再次为蜀，共43年。晋武帝太康元年（公元280年），晋灭吴。至此，三国时代宣告终结。

山西解州关帝祖庙

三国虽彼此征伐不断，但在初期，各国主要致力于整顿吏治，恢复社会秩序和发展经济。其中曹魏的成就比较突出。从曹操统一北方、开展屯田开始，生产逐渐恢复，曹操又改革了东汉以来的许多弊政，抑制大地主豪强的势力，扫除了宦官和外戚的专权，吸收中下层地主阶级人物参加政权。蜀国丞相诸葛亮严格采用法治，纪律严明，赏罚分明，使蜀国农业和手工业逐步得到恢复和发展，国力增强。特别是诸葛亮招抚西南夷，使少数民族地区得到开发，加强了民族团结。吴国自公元211年孙权迁都建业（今南京市南）后，东南地区很快得到开发。吴国土地不断开辟，农业发展，政治稳定，航海业发达。

《三国演义》是中国古代第一部长篇章回小说，作者罗贯中（约1330—1400）。小说描写了公元3世纪以曹操、刘

山西运城解州镇常平村的“关王故里”石坊

备、孙权为首的魏、蜀、吴三个政治、军事集团之间的矛盾和斗争。三国之间既有金戈铁马的战争，也有政治上的钩心斗角、外交中的唇枪舌剑和折冲尊俎。其中，最为生动的故事有官渡之战、三顾茅庐、大战长坂坡、赤壁之战、七擒孟获等。人物形象除了曹操、刘备、孙权之外，最有魅力的当属集忠贞、智慧、勇敢于一身的诸葛亮，他已经成为千古不朽的典型。其他形象还有：出色的战略家周瑜、忠诚和义气的化身关羽、豪爽无畏的象征张飞……这些故事和人物都已经深入人心、家喻户晓，有的名字作为成语和典故进入了汉语的词汇系统。诸葛亮、关羽和张飞是文学作品、民间传说中的光彩照人的英雄，而曹操和诸葛亮在正史上具有更重要的地位，他们的诗文极其优美，成为华夏文化遗产的重要篇章。

成就三国鼎立局面的赤壁大战遗址湖北赤壁（原蒲圻）市西北之赤壁山，刘备辞世的重庆奉节白帝城，曹操挟天子以令诸侯的河南许昌，孙权据守东吴的江苏南京，长坂坡大战的湖北当阳，都是三国英雄们留下足迹的地方。而其中最为有名、影响巨大的是纪念诸葛亮的武侯祠和供奉关羽的关帝庙。

武侯祠在全国有多处，其中最为有名的是成都武侯祠，位于四川成都市区西南，西晋末年初建，清康熙年间重建。前厅是刘备殿，供奉刘备塑像，后厅是诸葛亮殿，宏敞开朗，奉诸葛亮贴金像，后有刘备墓。祠堂古柏森森，环境幽雅。入门处立有《蜀汉丞相诸葛武侯祠堂碑》，文章、书法、雕工皆极为精湛，号称“三绝碑”。此外，湖北襄樊武侯祠和河南南阳武侯祠也很著名。

关帝庙的建筑极为奇特有趣，在全国各地修建有成千上万座，大小规格各不相同，但都有一尊红面绿袍凤眼长须之关羽塑像，旁立周仓、关平两侍卫。其中以山西解州关帝庙最大最漂亮。解州关帝庙在山西运城市解州镇西关。解州常平村是关羽的原籍，故解州关帝庙为武庙之祖，创建于隋开皇九年（公元589年），清康熙年间被焚毁后重修，总面积1.8万多平方米，内外古柏苍翠，百花争艳。分前后两院，前院以端门、雉门、午门、御书楼、崇宁殿为中轴，两侧配以石坊、木坊、钟鼓楼、崇圣寺、胡公祠、碑亭、钟亭等；后院以“气肃千秋”牌坊为屏障，气势雄伟，布局严谨，规模完整，建筑以春秋楼和崇宁殿最为精致。

南宋画家马远的《王羲之玩鹅图》。图中王羲之倚松而坐，莲渚之中，两只白鹅正在水中嬉戏。王羲之特别爱鹅，观鹅舞颈而妙悟书法之道，曾以写经与山阴道士换鹅。（右页图）

# 《兰亭序》
# 魏晋南北朝社会生活与经济文化

独特的汉字系统催生了独一无二的书法艺术。而足以让千秋万代骄傲和景仰的第一位书法大师就是东晋的王羲之，他的代表性作品就是不朽的《兰亭序》(又名《兰亭集序》)。王羲之书法精绝，为中国历史上最著名的书法家，有“书圣”之称。有一天和朋友们在一起踏青郊游，在兰亭地方聚会，饮酒赋诗，兴会无前，才华横溢的王羲之写出了不朽的散文和书法名篇《兰亭序》，以记述这次盛会。全文不过三百零几字，文章的第一段是：

“永和九年，岁在癸丑，暮春之初，会于会稽山阴之兰亭，修禊事也。群贤毕至，少长咸集。此地有崇山峻岭，茂林修竹；又有清流激湍，映带左右，引以为流觞曲水，列坐其次。虽无丝竹管弦之盛，一觞一咏，亦足以畅叙幽情。是日也，天朗气清，惠风和畅，仰观宇宙之大，俯察品类之盛，所以游目骋怀，足以极视听之娱，信可乐也。”

王羲之这篇散文文采飞扬，成为历代中国学子的必读文章，而他手书的文本更为历代书家视若珍宝。直到今天，人们仍在苦苦寻觅它的真迹。有人说，历史的“河水”把它淹毁了，有人说它藏在唐代女皇武则天的坟墓里……

280年，继承曹魏的西晋（265—316）灭吴国，统一全国，但仅稳定统治了20余年便在各种矛盾的影响下土崩瓦解。西晋灭亡后，江南相继出现东晋（317—420）、宋（420—479）、齐（479—502）、梁（502—557）、陈（557—589）等五个前后相承的政权，北方则经历了汉族和匈奴、鲜卑、羯、氐、羌等少数民族建立的16个政权，史称“五胡十六国”（304—439）。北魏（386—534）于439年统一北方后，与江南的宋、齐、梁、陈形成南北对峙的局面，史称南北朝时期。581年，隋取代已统一北方的北周政权（557—581），并于公元589年灭陈，重又统一全国，魏晋南北朝历史时期结束。

魏晋南北朝时期长期的战乱和频繁而残酷的政治斗争，

浙江绍兴兰亭，位于绍兴市西南40公里处的兰渚山下，是王羲之的寄居处。

兰亭景区内的鹅池

使很多人出现了幻灭和怅惘，对儒家的入世哲学逐渐厌倦，寻求逃避，寻求来世的福祉，佛教的广泛传播就是证明。此时，各种思潮得到发展空间，思想和艺术回归人的主体性，形成春秋战国之后又一个思想解放的黄金时代。社会经济的特点是，社会生活从战乱年代走向相对和平和安宁，生产力得到恢复和发展。江南农业迅速开发，农业技术不断提高，逐渐成为中国的经济重心。北方农业与畜牧业的发展、新农具的创制与新技术的推广和水利工程的兴修以及边疆地区的开发，也促进了各民族的融合和交流。

在这种政治经济形势下，文化艺术得到长足进步。魏晋南北朝的文学艺术是无比辉煌和美丽的。曹植、陶渊明的诗，“竹林七贤”的哲学思想，王羲之的字，顾恺之的画，六朝的文章……都以人性的光彩照亮了人们的灵魂。尽管他们的艺术往往掩盖着一层迷惘悲观的沙尘，但是沉重的历史帷幕永远也掩盖不了它们的光芒。我们从王羲之及其书法艺术中便可窥见闪光的一斑。

王羲之（约321—379），字逸少，东晋琅琊临沂（今山东临沂）人。他的家族是晋代屈指可数的豪门大士族。他的祖父、父亲、伯父都是东晋高官，可谓权倾一时，门第高贵。王羲之一出仕便为秘书郎，后为征西将军庾亮的参军，再迁宁远

绍兴城市雕塑："兰亭叙。"兰亭叙"是《兰亭序》的另一称谓。

将军、江州刺史，最后做到右军将军、会稽内史。所以人们又称他为"王右军"。

王羲之为人坦率，不拘礼节。《世说新语》里载有王羲之"坦腹东床"的美谈。晋代大士族郗鉴欲与王氏家族联姻，就派了人到王家去择婿。父亲王导让来人到东厢下逐一观察他的子侄。来人回去后对郗鉴汇报说："王氏的诸少年都不错。他们听说来人是郗家派来选女婿的，都一个个神态矜持。只有一个人在东床上坦胸露腹地吃东西，好像不知道有这回事一样。"郗鉴听了说："这就是我要找的佳婿。"后来一打听，知道坦腹而食的人正是王羲之，就把女儿嫁给了他。王羲之因为少有美名，朝廷屡次征召为侍中、尚书等职，他坚辞不受；当他不得已而任官时，又决不尸位素餐。他曾对宰相谢安和参与朝政的殷浩等人发表过重要而切实的政见，还为饥民开仓赈济。王羲之从小就具有旷达的性格，很少为一些小事戚戚

王羲之《兰亭序》

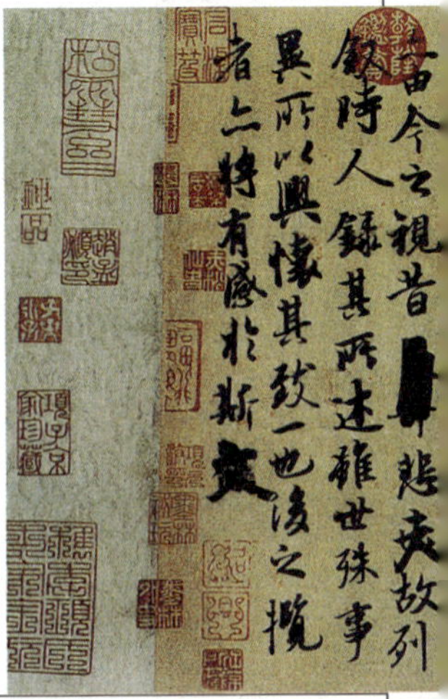

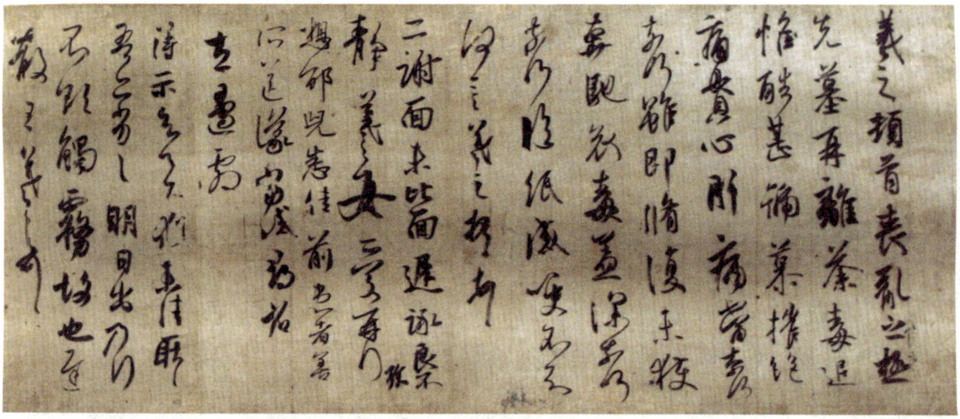

王羲之《丧乱帖》，自唐代流入日本后，一直深藏于日本皇宫。它是体现王羲之晚年书风的最佳作品。

于心，长大又有如此仁爱正义之心，也许就是他的书法雄浑开阔，具有自由气象、潇洒神态的原因之一吧。

王羲之从小爱好书法。他学习过著名的女书法家卫夫人，以及前辈书法大师李斯、曹喜、张芝、张昶、蔡邕、钟繇和梁鹄等人的书法，融合各家所长，自成一家。王羲之对真书（一种楷中有隶的过渡性书体）、草、行诸体书法造诣都很深。他的真书势形巧密，开辟了一种新的境界；他的草书浓纤折中；他的行书遒媚劲健。人们称他的字“飘若浮云，矫若惊

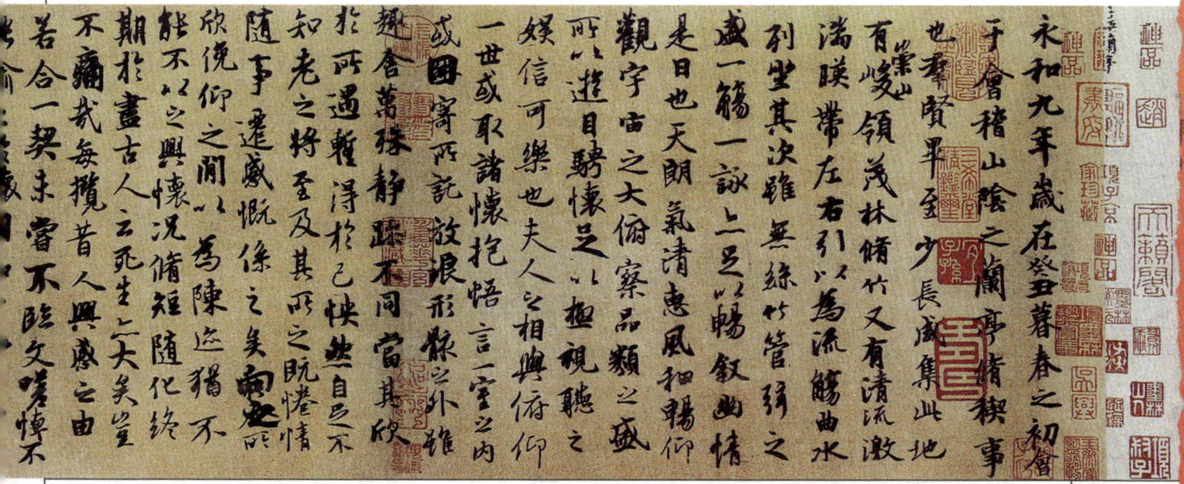

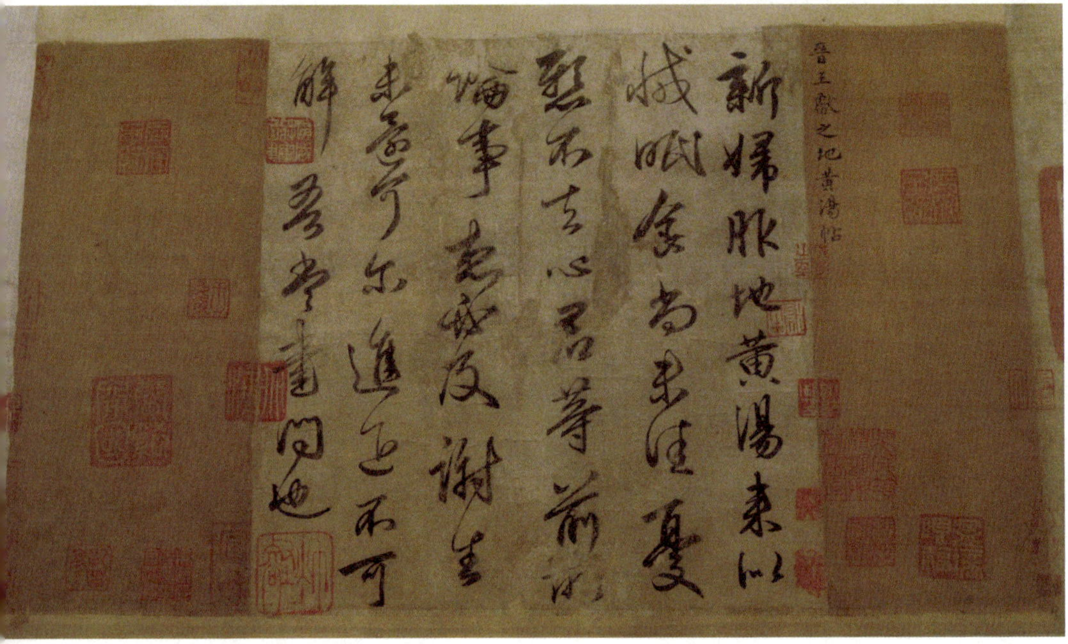


王献之《地黄汤帖》

龙”“龙跳天门，虎卧凰阁”。

王羲之的书法刻本很多，像《乐毅论》《黄庭经》《东方朔画赞》等楷书作品，在中国古代书法史上都占有重要位置。他的行书《快雪时晴帖》只有24个字，被清朝乾隆皇帝列为“三希帖”之首。《兰亭序》是王羲之最著名的代表作。从文学的角度，它文字优美，情感旷达闲逸，是千古绝妙的好文章；从书法的角度，它被誉为法帖之冠，被历代名家悉心钻研。他的小儿子王献之（344—386）继承父学，且进一步独创天地，字画秀媚，妙绝时伦。他的《中秋帖》行草共22字，神采如新，世所罕见。乾隆皇帝将它亦收入“三希帖”，视为“国宝”。王献之与父齐名，人称“二王”。

# 云冈石窟
## 佛教在中国的传播

云冈石窟位于山西大同市西16公里的武周山麓，武州川的北岸。石窟依山开凿，东西绵延1公里。现存主要洞窟45个，计1100多个小龛，大小造像51000余尊。它是中国规模最大的石窟群之一，世界闻名的艺术宝库，也是中国第一批全国重点文物保护单位之一。

北魏经历了“太武灭佛”到“文成复法”，于文成帝和平年间（公元460—465年）开始大规模营造云冈石窟，到孝明帝正光五年（公元524年）建成，前后60多年。初由著名的高僧昙曜主持，“于京城西武州塞，凿山石壁，

第 20 窟的主佛，为释迦牟尼的坐像，高 13.7 米。

第9窟前室北壁西侧菩萨像

开窟五所”，现第16至20窟就是“昙曜五窟”。现存洞窟大部分凿于太和十八年（公元494年）迁都洛阳之前。云冈石窟的雕刻在中国三大石窟中以造像气魄雄伟、内容丰富多彩见称。最小的佛像高仅2厘米，最大的高达17.4米，多为神态各异的宗教人物形象。石窟有形制多样的仿木构建筑物，有主题突出的佛传浮雕，有精雕细刻的装饰纹样，还有栩栩如生的乐舞雕刻，生动活泼，琳琅满目。其雕刻艺术继承并发展了秦汉雕刻

第13窟中的交脚弥勒佛像，采用小佛像作为大佛手臂的支撑点，既美观又能保证主体佛像的坚固。

艺术传统，吸收和融合了佛教艺术的精华，具有独特的艺术风格。云冈石窟对后来隋唐艺术的发展产生了深远的影响，也是中国与亚洲国家友好往来、文化交流的历史见证。

佛教诞生在印度，由释迦牟尼创始。佛祖涅槃后，他的徒弟继续传播佛教，并于公元1世纪将佛教传入中国，汉明帝（58—75年在位）从西域请来僧人进驻洛阳白马寺，开始译出《四十二章经》。这是中国的第一部佛教经典。东汉学者牟子（约170—？）对佛教和道家、儒家精神一致的解释，扫除了佛教在中国传播的障碍。此后高僧鸠摩罗什（343—413年）来中国，翻译出《法华经》《金刚经》《莲华经》等多部佛经，并形成了邺城、长安、南京、武威四大译经中心。佛教

第 12 窟顶部的舞伎和乐伎

的传播在南北朝时期的北方取得了进展，后赵的石勒、石虎，前秦的苻坚等统治者都是出名的佛教迷。他们网罗中外高僧，翻译佛经，广建寺院，烧香拜佛。然而佛教的传播也不是一帆风顺的，北魏的太武帝（423—452年在位）曾经扬道抑佛，屠杀佛徒，破坏寺庙，使佛教传播遭到重创。他的孙子孝文帝（471—499年在位）即位，才彻底改变了这种状况，给受迫害的僧徒平反，并决定在首都平城（今大同）郊外开凿石窟，以供奉佛教神像。这就是著名的云冈石窟。

此后，佛教遇到了几个笃信的皇帝，得到长足发展，又开凿了河南龙门石窟，加上此前开凿的敦煌莫高窟，中国最伟大的石窟艺术宝库就都建成了。南朝的梁武帝萧衍（502—549年在位）笃信佛教，几乎达到不顾一切的地步。他大兴土木，广建佛寺，唐代诗人杜牧曾经写道："南朝四百八十寺，多少楼台烟雨中。"其实这个数字还是大大缩小了的，仅在南京一地，就有2000多座寺庙。梁武帝竟然四次出家为僧，不理朝政，导致国家混乱衰败，河南王侯景乘机叛乱，把梁武帝软禁在台城，活活饿死。

菩提树和二佛对坐像（左图）

陕西扶风县法门寺

此后又有达摩祖师来中国，先和梁武帝话不投机，后又一苇渡江来到嵩山，面壁10年，被称为禅宗之初祖。他的衣钵又传给了二祖慧可、三祖僧璨、四祖道信、五祖弘忍、六祖慧能，佛教在中国进一步得到大发展。在唐朝，佛教因法显和玄奘两位法师的取经、译经而兴盛。《西游记》这部著名神话小说就是以玄奘去印度取经的故事为主要线索创作的，但是玄奘取经实际上没有孙悟空、猪八戒这样坚强的随扈陪同。经过了反对和拥护佛教的激烈斗争，还是佛教占了上风，唐高宗（649—683年在位）迎来了佛祖牙齿烧炼而成的舍利子，藏在陕西扶风法门寺宝塔下，20世纪80年代得以重见天日。

中国本来是一个宗教不太兴盛的国家，道教有一定影

河南洛阳白马寺

响，儒家不算宗教。但佛教还是得到很大的发展，是中国传播最广的宗教，比在佛教诞生地印度更为普及。佛教在中国有几个特点：一是在传播的过程中逐渐适应中国固有的文化；二是广译佛经，广建寺院，开凿无数石窟，给古老的中华大地留下了极其丰富的宗教文化遗产。如今，中国的名胜地大都建有佛寺或石窟，给中国人民带来了高尚的艺术享受。保护宗教文化遗产，是中国人共同的职责。中国已经有几处佛教遗址被联合国教科文组织列为世界文化遗产：敦煌莫高窟、拉萨布达拉宫、云冈石窟、龙门石窟、大足石刻等，给全世界的朋友提供了欣赏佛教艺术的广阔空间。

# 大运河
## 隋朝的统一和覆亡

举世闻名的京杭大运河，是世界上最长的一条人工河道。大运河北起北京，南达杭州，流经北京、河北、天津、山东、江苏、浙江六个省市，沟通了海河、黄河、淮河、长江、钱塘江五大水系，全长1794公里。大运河在中华民族的发展史上，为发展南北交通，沟通南北之间经济、文化等方面的联系作出了巨大的贡献。

京杭大运河从公元前486年始凿，至公元1293年全线通航，前后共持续了1779年。在漫长的岁月里，主要经历了三次较大的兴修过程。

第一次是在公元前5世纪的春秋末期。当时统治长江下游一

扬州，京杭大运河古邗沟遗址。

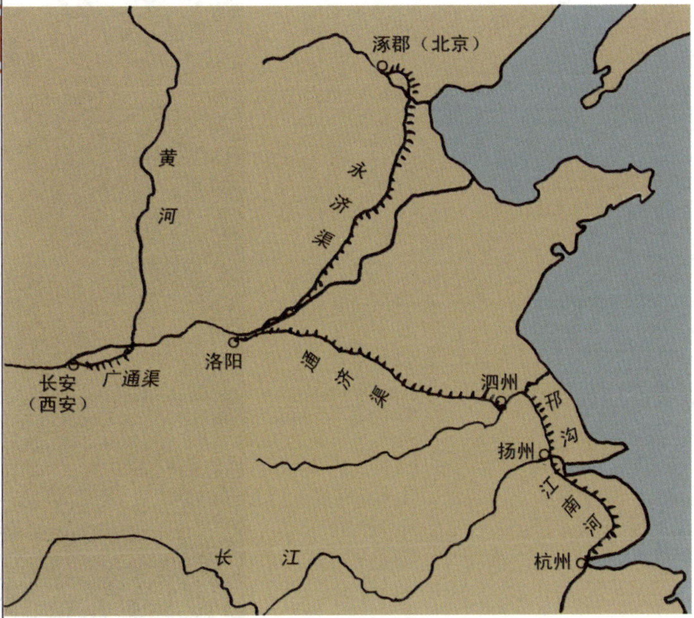


隋运河图

带的吴王夫差，为了北上伐齐，争夺中原霸主地位，调集民夫开挖自今扬州向东北、经射阳湖到淮安入淮河的运河（即今里运河），因途经邗城，故得名“邗沟”，全长170公里，把长江水引入淮河，成为大运河最早修建的一段。

第二次是在公元7世纪初隋朝统一全国后，这是大运河建筑史上最关键的时期。隋朝第二代皇帝隋炀帝杨广（605—617年)迁都洛阳，为了控制江南广大地区，使长江三角洲地区的丰富物产运往洛阳，也为了满足从洛阳乘船直达美丽富庶的扬州的个人享受，于公元605年下令开凿洛阳到江苏清江（淮阴）约1000公里长的“通济渠”，先引洛水入黄河，又折向东南，把洛水、黄河、淮河联系在一起；又于公元608年下令开凿从洛阳经山东临清至河北涿郡（今北京西南）长约1000公里的“永济渠”；再于公元610年开凿江苏镇江至浙江杭州（当时的对外贸易港）长约400公里的“江南河”，同时对邗沟进行了改造。这样，洛阳与杭州之间全长1700多公里的河道，可以直通船舶。隋朝是在经历了三国两晋南北朝长期的分裂混乱之后出现的一个中华大一统的王朝，这个大好局面给经济和社会发展提供了极好的机遇，隋初的社会生活和经济建设也的确取得了长足进展。在那本《改变人类命运的100个人》中，把建立隋朝的隋文帝杨坚列为一位世界级的历史伟人，是极有见地的。

杨坚的后继者隋炀帝杨广好大喜功、不恤民情、贪图享受、连年征战、大兴土木、为政暴虐，很快就断送了大好局面，丢了江山也丢了脑袋。但是他主张修建的大运河却留给了后代一份丰厚的遗产，对国家统一、经济发展、促进沿河城镇的发展、便利交通运输、繁荣社会文化都起到重大作用。“半天下之财赋，悉由此路而进”，大运河是一条名副其实的南北大动脉。

第三次是在13世纪末元朝定都北京后。为了使南北相连，不再绕道洛阳，元朝花了10年时间，先后开挖了“洛州河”和“会通河”，把天津至江苏清江之间的天然河道和湖泊连接起来，清江以南接邗沟和江南河，直达杭州。而北京与天津之间，原有运河已废，又新修“通惠河”。这样，新的京杭大运河比绕道洛阳的大运河缩短了900多公里。

2006年，中国开始了京杭大运河的申遗工程，在《京杭大运河保护和申遗杭州宣言》中指出：“京杭大运河显示了我国水利航运工程优先于世界的卓越成就，留下了丰富的遗存，孕育了一座座璀璨明珠般的名城古镇，积淀了丰厚悠久的文化底蕴，凝聚了我国政治、经济、文化、社会的诸多信息，大运河和长城是中华民族文化身份的象征。保护好京杭大运河对于传承人类文明、促进社会和谐发展，具有极其重大的意义。”

运河第一桥——
杭州拱宸桥

运河山东聊城段改造一新。

既有雄才大略又不能控制自己疯狂欲望的隋炀帝为他的暴政付出了高昂代价。隋炀帝杨广是隋文帝的次子，604年夺取了皇位，是中国历史上著名暴君。杨广即位的第一年就决定迁都洛阳，役使200万人营建洛阳。又在洛阳西郊建筑西苑，占地200多亩，亭台楼阁，十分壮观华丽。杨广经常带着几千骑马的宫女，到西苑游览、夜宴，极尽骄奢淫逸之能事。在修建大运河过程中，共用了约1.5亿个人工，许多民工累死在河中。有一段河道杨广嫌挖得浅，竟下令将官吏和民工5万多人全部活埋。从605年八月起，杨广三次通过大运河到江都巡游。他乘着长200尺（3尺为1米）、高45尺、上下四层的大龙舟，随行的嫔妃、王公大

江苏境内，运河依然繁忙。（上图）

船只云集的无锡吴桥西路码头（下图）

臣、僧尼道士分别乘几千艘华丽的大船，首尾相望，绵延200多里，拉船的纤夫就有8万多人，两岸还有骑兵护送。沿途500里以内的百姓，被迫奉献食品，被弄得倾家荡产。杨广先后三次发动了对高丽的战争。造船工匠在水中不分昼夜地劳作，腰部以下都生了蛆，死亡的有十之三四。隋军海、陆两路进攻高丽，三次都大败而回。隋文帝时期积累起来的巨量财富和民力被杨广无限制地挥霍，消耗殆尽。田地荒芜，赤地千里，农民只得吃树皮树叶。611年爆发了农民大起义。但杨广依然奢侈残暴，拒绝劝谏，一时军心浮动，众叛亲离。618年，右屯卫将军宇文化及等杀入宫中，勒死杨广，隋朝灭亡。

北京通州燃灯塔，始建于北周末年，稍早于隋运河的开凿。它矗立在运河北岸，见证了1300多年运河漕运的兴衰。

# 长安和唐三彩

## 空前的大唐盛世

西安，古代又名长安、京兆，是陕西省的省会，是中国历史文化名城之一，位于陕西关中平原的渭河南岸。关中有泾、渭、灞、沣、涝等水流经，形成沃野千里，号称“八百里秦川”。

西安是中国七大古都（西安、洛阳、南京、北京、开封、杭州、安阳）之一，又与雅典、罗马、开罗并称为世界四大古都。西安也是中国建都最早、历时最长的古城，距今已有3000多年的历史，自西周（公元前1134年）起，直到唐代，先后有西周、秦、

唐太宗像

西安大雁塔。该塔是为保存玄奘从印度带回的佛经、佛像而于唐高宗永徽三年（公元652年）建造的。

西汉、新莽、西晋、前赵、前秦、后秦、西魏、北周、隋、唐共12个王朝在这里建都，历经2000余年。在中国七大古都中，西安的历史最为悠久，建设规模也最为雄伟，当年的长安古城的街衢、坊、市场、汉唐宫殿都给人们留下了辉煌的记忆。如今西安及其周围著名历史古迹有：半坡博物馆、大雁塔、碑林、华清池、秦始皇陵和兵马俑、茂陵、乾陵、法门寺等。1982年，西安成为中国首批历史文化名城之一。

古都西安最辉煌的年代是汉唐两大王朝。这里我们主要介绍作为封建时代顶峰的大唐帝国，特别是初唐和盛唐时期的文治武功和经济文化的繁荣。隋朝

阎立本《步辇图》，是以贞观十五年（公元641年）吐蕃首领松赞干布与文成公主联姻的历史事件为题材，描绘唐太宗接见来迎娶文成公主的吐蕃使臣禄东赞的情景。

末年，唐国公李渊起兵参加了隋末农民大起义，率大军进军关中，并于公元618年称帝建国，年号武德，建都长安，开启了李唐王朝统治中国的历史。武德九年（公元626年），李渊次子李世民在大臣尉迟敬德、段志玄、长孙无忌等人的帮助下，发动了“玄武门之变”，诛杀了与自己对立的太子李建成及四弟李元吉，迫使李渊退位，即皇帝位，改年号贞观，是为历史上著名的唐太宗。唐太宗李世民是中国历史上有作为的皇帝之一，其夺取皇位之路虽然不算光明磊落，私德有缺，但文治武功却能彪炳青史。贞观二年（公元628年），太宗命兵部尚书大将李靖讨伐突厥颉利部，大获全胜，消除了西域各族对中原的威胁，开拓了西北。与此同时，太宗皇帝起用贤能人士，以魏征、高士廉、房玄龄、杜如晦、长孙无忌等人为主要助手，妥善处理国家政事。他通过一系列的政治、经济、文教等方面的改革，使大唐帝国空前繁荣，史称“贞观之治”。

贞观二十三年（公元649年）四月，唐太宗驾崩。第九子李治即位，年号永徽，是为唐高宗。高宗即位后依然执行唐

三彩载乐驼：驼背上坐着一支小乐队，中间站一女伎，正在歌舞。存于陕西历史博物馆。

太宗的治国之道，故永徽年间仍有贞观遗风。高宗于永徽六年（公元655年）立武则天为皇后，武则天开始临政。683年高宗病故。690年九月，67岁的武则天改国号为周，正式称帝，成为中国历史上唯一的一位女皇帝。武则天虽然夺取政权、巩固政权之道为人诟病，但在位期间，将唐朝的政治、经济的发展继续向前推进了一步。她大力发展农业生产，曾亲撰《兆人本业记》农书，为唐代物质财富的积累创造了条件。但执政末期，她宠信佞臣，深为大臣不满；705年，宰相张柬之等发动政变迫使武则天退位，唐朝国号得以恢复。在其后争夺皇位的斗争中，李隆基击败了韦后集团而即位，改元开元，是为唐玄

西安古城墙。现存城墙主要建于明朝初年。

宗（712—756年在位）。玄宗是唐代继李世民之后又一位开明国君，对政权作了重大调整：分全国为十五道，改革官制和兵制，与此同时大力发展经济，改革税制，兴修水利，使全国出现了前所未有的繁荣景象。诗人杜甫曾写道："忆昔开元全盛日，公私仓廪俱丰实。稻米流脂粟米白，小户犹存万家私。"至此，中国在世界同时代的国家中已成为鼎盛帝国，史称"开元盛世"。

唐朝自建立至开元年间，出现了包括李世民、武则天在内的几代开明君主，从政治、经济等各方面承前启后，励精图治，促进了唐朝的发展。在政治上，唐朝沿袭了隋制，并逐步以中书、门下、尚书三省行政，加强了皇帝的统治力量。同时，更加完备了隋朝的科举制度，使它成为选拔官吏的主要手段和途径。另外，李世民为了加强与边疆少数民族的团结合作，采取软硬两手结合的办法，于贞观十五年（公元641年）将文成公主下嫁给松赞干布，使吐蕃与大唐关系进一步密切。此外，闻名遐迩的"丝绸之路"也成为当时中原对外发展的重要通道，改善了对外关系，发展了对外经济文化交流。

由于没有内忧外患，唐朝的经济得到了空前的发展。唐朝前期的人文艺术更是发展迅速。诗、书、画各方面都有大量名家涌现。其中包括"初唐四杰""田园山水派"的代表王维（699—759

三彩女坐俑（右图）

年）；“边塞派”诗人岑参（715—770年）以及素有“诗仙”之称的大诗人李白（701—762年）和“诗圣”杜甫（712—770年），等等。此外，还有今人熟知的“画圣”吴道子、青绿山水大师李思训，大书法家颜真卿、柳公权，大音乐家李龟年，都是唐代文化的代表。

唐代手工业水平之高超，甚至可以与现代工艺相媲美。从我们现在所见到的“唐三彩”等唐代艺术品便可窥之一二。

唐三彩是盛于唐代的一种带有多种釉色的彩色陶器的通称。就其用途而言，或作实用，或作欣赏用，或充作明器用于陪葬。它的釉色有绿、蓝、黄、白、赭、褐等多种，而一般以黄、绿、赭为主，所以称为唐三彩。唐三彩种类很多，主要分为人物、动物和器物三种。人物有文臣、武将、贵妇、男僮、女仆、艺人、胡人等。动物有马、骆驼、牛、羊、狮、虎等。器物有盛器、文房用具、室内用具等。唐三彩主要的出产地是洛阳和长安，以及河南、陕西的部分地区。唐三彩经过艺人们的精心制作，呈现出深浅不同的黄、赭、绿、翠蓝、茄皮紫等色彩，具有了一种斑斓富丽的艺术效果。由于在制作过程中釉质的自然下流，烧制好的唐三彩会产生许多复杂奇妙的变化，因此，没有任何两件唐三彩作品是完全一样的。唐三彩的艺术造型，反映了当时社会的风貌和时代特征。强壮有力、神态潇洒的武士俑、天王俑和肥壮丰满的马、骆驼等，充分表现了唐初国力的强盛；从脸部稍胖、体态丰满的女俑，我们还可以看出唐朝人是以胖为美的。

# 《清明上河图》
# 繁华的北宋城市

从907年唐朝灭亡到960年北宋建立，短短的54年间，中原地区相继出现了梁、唐、晋、汉、周五个朝代。同时，在这五朝之外，还相继出现了十个割据政权，这就是中国历史上的“五代十国”时期。五代十国是继三国两晋南北朝以后，中国又一次分裂战乱时期。而在其之后建立的基本统一的北宋王朝却创造了空前的繁荣。

《清明上河图》局部之一

在北京故宫博物院珍藏着一幅工笔风俗画长卷——宋代

《清明上河图》局部之二

宫廷画师张择端画的《清明上河图》。这是一幅山水、建筑、人物画的杰作，流传千古，弥足珍贵。《清明上河图》是中国绘画史上最著名的作品之一，不但艺术水平高超，而且围绕着它还流传下来许多有趣的故事。

这幅画高约24.8厘米，长约528厘米，系绢本设色。作者张择端是山东武城（今诸城）人，早年游学汴京，徽宗时曾供职翰林图画院，专攻界画，尤擅舟车、市肆、桥梁、街衢、城郭，自成一家。

《清明上河图》以精致的工笔手法记录了北宋末叶、徽宗时代首都汴京（今开封）郊区和城内汴河两岸的建筑和民生。作品以长卷形式，采用散点透视的构图法，将繁杂的景物纳入统一而富于变化的画面中。画中人物衣着不同，神情各异；其间穿插各种活动，戏剧性很强；构图疏密有致，注重节

《清明上河图》局部之三

《清明上河图》
局部之四

奏感和韵律的变化，笔墨章法都很巧妙。全图分为三个段落。

首段，在疏林薄雾中，掩映着茅舍、草桥、流水、老树、扁舟。两个脚夫赶着五头驮炭的毛驴；一顶轿子轿顶装饰着杨柳杂花；骑马的、挑担的，都从京郊踏青扫墓归来。这一段点出了清明时节的特定时间和风俗，为全画展开了序幕。中段，汴河沿岸，粮船云集，商铺连绵。游人如织，或在茶馆休息，或看相算命，或在饭铺进餐，热闹喧腾。河中船只或纤夫牵拉，或船夫摇橹；满载货物者，靠岸卸货者，首尾相接。横跨汴河上的是一座规模宏大的木质拱桥，宛如飞虹。有一只大船正待穿过桥洞，船里船外都在为此而忙碌着。后段，以高大的城楼为中心，屋宇鳞次栉比，有茶坊、酒肆、脚店、肉铺、庙宇、公廨等等。商店中有绫罗绸缎、珠宝香料、香火纸马，大街两旁有医药门诊、大车

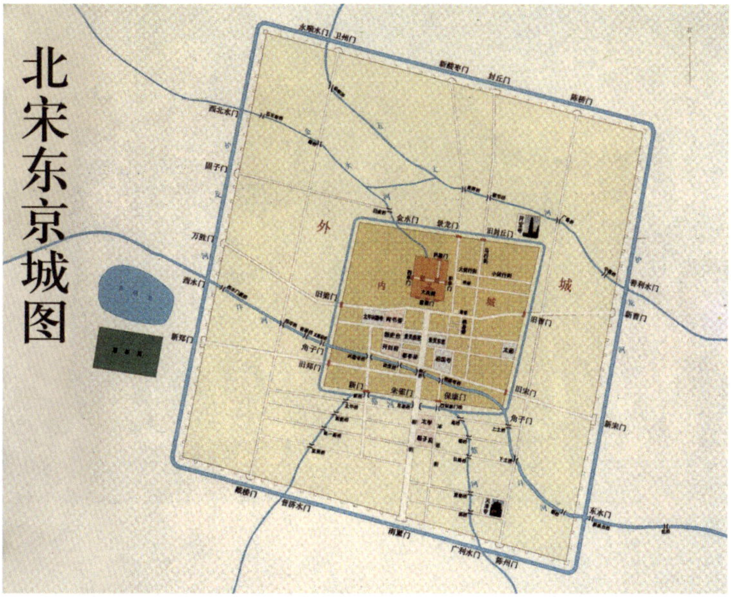


北宋东京图。东京即汴京。

修理、看相算命、修面整容的，各行各业，应有尽有。商贾、士绅、官吏、小贩、市井百姓、大家眷属、行脚僧人、外乡游客、听书小儿、狂饮的豪门子弟，男女老幼，士农工商，三教九流，摩肩接踵，川流不息。交通运载工具有轿子、骆驼、牛马车、人力车，形形色色，样样俱全。

在总计5米多长的画卷里，画家共描绘了550多个各色人物，牛、马、骡、驴、骆驼等牲畜五六十匹，车、轿20多辆，大小船只20多艘。房屋、桥梁、城楼等也各有特色，体现了宋代建筑的特征。

风俗画《清明上河图》描绘了北宋都城汴京的一角，是北宋王朝社会生活的形象反映，是了解北宋经济文化和社会发展的极其重要的文献性图画，具有很高的历史价值和艺术水平。

北宋王朝是中国历史上极富特色的时代，经济高度发展，农业、手工业、商业繁荣，文化事业发展也很快，重视知

开封大相国寺，中国著名的佛教寺院，始建于北齐天保六年（公元555年）。北宋时期，相国寺深得皇家尊崇，多次扩建，成为京城最大的寺院和全国佛教活动中心。

识分子，吏治也相对清明。但北宋在军事上极端软弱，为了加强武备，大量养兵，府库枯竭，国力逐渐衰微，边患连年，国土被蚕食，兵无斗志，屡战屡败，最终导致“靖康之耻”，宋徽宗和他的儿子宋钦宗被金兵俘虏，黄河以北大好河山沦入敌手。

在对外战争中长期处于被动状态的北宋朝廷，却造就了政治和文化领域内极其辉煌的局面。相对宽松和开明的政治环境是文化发展的必要条件。可以说，北宋是中国古代历史上唯一的没有因为政治歧见而屠杀知识分子的朝廷，大约也由于这一点，它才得以达到自己在中国封建文化史上的巅峰地位。因此，开封也就成为唯一的没有经历过皇权暴政的古都。它虽然不宏大，却未曾因为杀戮理性和良知的横暴而蒙上耻辱的阴影，相反，由于见证了一个时代文化（文学、艺术、科技)的辉煌成就，在众多古都中，它独具一种祥和的色彩，并从而光照史册。

北宋比较宽松的政治环境是开国皇帝赵匡胤（960—976年在位）为他所倡导的文官体制确定的基调，也是这一政治路

开封开宝寺塔，建于北宋皇祐元年（公元1049年）。建成900多年，历经战火、水患、地震等灾害，至今仍巍然屹立。因其外表全以褐色琉璃砖镶嵌，远看近似铁色，加之本身坚固异常，犹如铁铸，故从元代起民间称之为"铁塔"。

今日开封：宋城一条街

线形成传统的结果。赵匡胤出于对唐末以来武夫横行这一积弊的痛切认识，向往文官掌权的“好人政府”，为了培育和维护一支高素质的稳定的文官队伍，他用过几种很值得称道的政策，比如重用旧知识分子，发掘他们的潜能为新政权服务。所谓“旧知识分子”，就是那些从五代的历史背景中走过来的读书人，其中大量是旧官吏。赵匡胤是被军人集团推上宝座的，但他却宁愿把朝政委托给文官，虽然他和这些人素无渊源。又如注重选拔民间知识分子，更新官吏队伍，改善官吏素质。赵匡胤在这方面的突出表现是健全和发展科举制度。由他发起并在宋代逐步形成的规范化的科举制度，克服了从汉到唐以来门第阀阅对官吏来源的操纵和影响，为中小地主和底层知识分子进入政权提供了可能。良好的科举风气逐渐形成一种传统，后来有宋一代产生了那么多出身寒门的大政治家，很大程度上得力于比较健全完善的科举制度。再如切实为知识分子营造比较宽容、宽松的政治环境。宋人笔记中说，赵匡胤在太庙寝殿的夹室里，镌立了一块七八尺高的石碑，名为“誓碑”，一共三条，其中最重要的一条是：不得杀士大夫及上书言事人。誓词很简单，却为知识分子划出了一条安全的底线，极有利于调动他们的聪明才智。宋朝涌现那么多杰出的政治家、文学家、思想家，文官政治那样稳定而具有效率，不同利益集团能维持斗争中的平衡而不致酿成流血的惨剧，实在是得力于“不杀人”

这一浅显的原则。明确而认真地保护知识分子，在漫长的中国古代历史上，这是独一无二的记忆。

文化和商业的发展常常有着相辅相成的内在联系，开封便是一个典型的的繁华例子。和前朝比较起来，开封是一座最商业化的京城。开封从根本上打破了隋唐时期长安坊（住宅区）和市（商业区）的界限，更打破了白天和夜晚的界限——到处都有商店酒楼，不少店家还24小时营业。夜生活是商业都市的重要标志，它当然不会仅限于吃喝，所以娱乐事业应运而生是题中应有之义。开封在这方面可谓取得了突破性的进展。前朝的梨园教坊都是由皇家垄断，直到宋朝，表演业才走向民间，并且得到空前发展。杂剧、清唱、傀儡、说书、杂技、皮影、相扑、相声（说诨话）……形式多样，内容丰富，遍布于开封的勾栏瓦肆。各行中还产生了极受观众欢迎的大腕明星。俗文化向雅文化的逐步过渡是一个普遍规律，正是在以开封为中心的通俗文化繁荣的背景里，话本、小说、戏剧、词曲的创作走向了历史性的突破。由于知识分子通向艺术的道路得到极大的拓展，出现了放弃追求庙廊事业的传统观念而专事文艺创作的文化人，词人柳永大概就是吧。

作为古都，开封的历史地位是不可取代的。如果把漫长的中国历史理解为一幅长卷画，卷面上，前边、后边，到处都是血污的场景。而北宋定都开封的这一段，虽只经160多年，但民众没有经历过大规模的屠杀，知识分子受到了特别的保护。对于专制制度下的臣民，这真是很值得庆幸的一件事。张择端的《清明上河图》为什么受到历代人的珍爱？一个很重要的原因是他们从张择端笔下的开封看到了一种颇理想的生存方式，时间虽然比较短，但不失为一份值得保存的回忆和向往。

# 岳飞墓
## 南宋抗金斗争

岳飞墓亦称岳坟，位于浙江杭州栖霞岭南麓，西湖西北角，北山路西段北侧，是纪念民族英雄岳飞的地方。岳飞（1103—1142），字鹏举，河南汤阴县人，南宋主要抗金将领。岳飞出身农家，自幼劳动，性至孝，终生奉照母亲在他背上所刺“尽忠报国”的教导为自己的人生准则。他1126年从军，屡立战功，从一名士兵成长为一位元帅，祖国之干城。他创建的“岳家军”军纪严明，骁勇善战，坚守“冻死不拆屋，饿死不掳掠”的纪律，引得金兵哀叹：“撼山易，撼岳家军难！”岳飞一生指挥126次作战，从未失败，是百战百胜的将军。他曾率军收复失陷多年的建康（南京），孤军北伐收复洛阳、商州等地，但每次胜利都被一心偏安的南宋朝廷掣肘破坏。

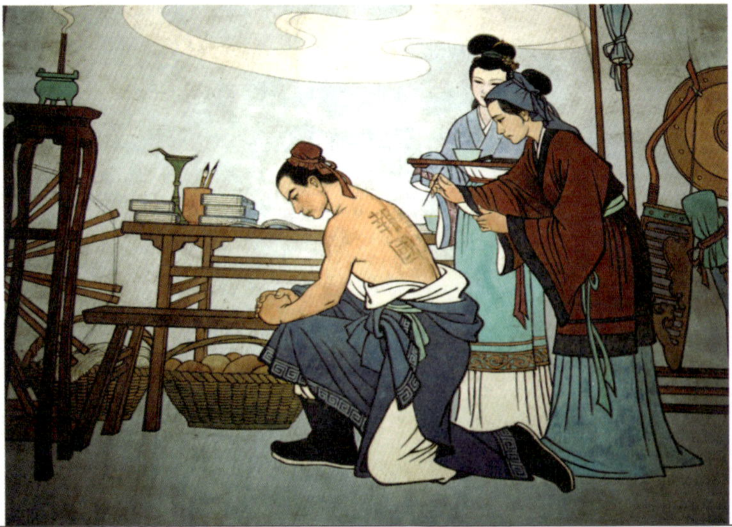

“岳母刺字”画

杭州岳王庙内岳飞塑像

绍兴十年（公元1140年），金将兀术率四路大军南下，岳飞率军奋勇抗击，取得郾城大捷，占领朱仙镇，距开封仅45里，豪言“直捣黄龙府，与诸君痛饮耳”，却被求和心切的宋高宗赵构、宰相秦桧以十二道金牌急令班师。岳飞含泪班师，浩叹：“十年之功，废于一旦！所得州郡，一朝全休，社稷江山，难以中兴，乾坤世界，无由收复！”岳飞当即被削去兵权。接着，赵构、秦桧等指使张俊、万俟卨等制造假证，诬陷岳飞谋反，以谋反罪名将岳飞下狱；岳飞悲愤地写下“天日昭昭”几个大字以明心迹。此时兀术传来信息：“必杀飞，始可和！”赵构和秦桧遵照敌酋的指示，下定了杀害岳飞的决心。

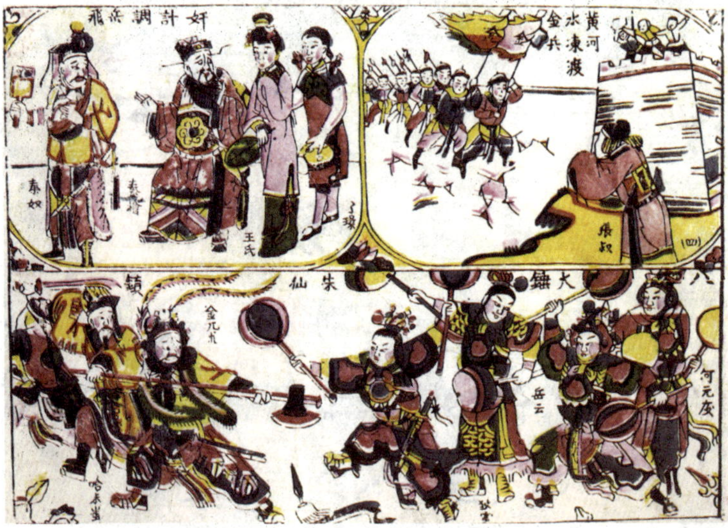


年画《岳飞传》

1142年岳飞及其子岳云、部将张宪等，被杀害于风波亭，岳飞年仅39岁。另一位抗金名将韩世忠去质问秦桧，岳飞犯了什么罪？秦桧支支吾吾地说："莫须有。"韩世忠义正词严地说："莫须有三字何以服天下？"岳飞殉国后，有忠义之士将遗体背出，安葬在西湖之滨。21年后，岳飞冤案在孝宗时平反，被追封为鄂王。岳飞的辉煌战功和极其悲惨的下场引起千秋万代中国人的敬佩和同情，他被尊为中华民族英雄第一人。据传，岳飞在那次北伐节节胜利时，发现自己是孤军深入，不得不撤军南归时，悲愤地写下了他的千古绝唱《满江红》："怒发冲冠，凭栏处，潇潇雨歇。抬望眼，仰天长啸，壮怀激烈。三十功名尘与土，八千里路云和月。莫等闲，白了少年头，空悲切！ 靖康耻，犹未雪，臣子恨，何时灭？驾长车，踏破贺兰山缺。壮志饥餐胡虏肉，笑谈渴饮匈奴血。待从头收拾旧河山，朝天阙！"这首词成了中国人引以为荣的爱国御敌的豪迈歌声，千古传唱。

现岳飞墓在岳飞庙之中，游人可去观拜。岳飞庙于南宋

嘉定十四年（公元1221年）始建，现存庙宇为清时重建，民国时重修，雄伟壮观。殿内塑有岳飞彩像，其上有岳飞草书“还我河山”巨匾。大殿右首是岳飞墓，系块石围砌，墓碑刻有“宋岳鄂王墓”字样。旁有其子岳云墓。墓道两侧有明代刻存的文武俑、石马、石虎和石羊；墓道阶下两边的铁栏里围着害死岳飞的秦桧、秦妻王氏、万俟卨、张俊四个铸铁跪像。他们都反剪双手，跪在墓前，受尽人们唾骂，一如岳墓门前刻着的一幅对联：“青山有幸埋忠骨，白铁无情铸佞臣。”墓道前方照壁上，有明人洪珠所书“精忠报国”四个大字。南北两侧为碑廊，陈列历代石碑百余块。北廊陈列岳飞画像和手迹，南廊陈列历代重修和凭吊岳飞墓庙的记事刻石。还有一座岳飞庙，建在岳飞故乡河南汤阴。

南宋王朝是北宋被金人灭亡后由宋高宗赵构建立在杭州的软弱王国，淮河以北大好河山和千百万北方遗民都被抛弃了。面临金国的威胁，以赵构、秦桧为代表的主和派和以岳飞、韩世忠、刘琦、张浚、胡铨为代表的主战派进行了长期激烈的斗争。南宋虽然国力衰落，但拥有江南富庶之地，钱粮充足，拥有岳飞、韩世忠等一批名将和久经沙场的坚强军队，加

刘松年《中兴四将图》。此图绘南宋中兴四将刘光世、韩世忠、张俊、岳飞（左二）全身立像。

岳飞墓

杭州岳王庙里的秦桧夫妇跪像

岳飞家乡——
河南汤阴的岳飞庙

上百姓渴望恢复中原，解救苦难的北方遗民，民心可用，只要精诚团结，勇敢进行北伐，胜利可期。而主和派赵构和秦桧等人，却因为胆怯和软弱，抛弃守土护民的神圣职责，成为历史的千古罪人。整个南宋时期，贯穿着抗战和投降、主战和主和的斗争，这是南宋存在的生命线，也是南宋诗人讴歌的永恒主题。岳飞在民族危亡之时，挺身而出，以生命和热血捍卫了国家和民族，阻止了金兵对文明富庶的中原和江南地区的侵略，是功在千秋、永垂不朽的民族英雄。

# 《马可波罗游记》
## 元代的繁荣

在经历了北宋后期以来的分裂局面以后，随着西夏、金和南宋政权相继被蒙古灭亡，中国又一次进入了大一统的时期，这就是元朝。这个繁荣的王朝因为马可波罗的到来而为西方所广知。

马可波罗1271年离开威尼斯，游历东方。1298年，在威尼斯与热那亚的战争中，马可波罗被俘，于狱中口述东方见闻，由同狱作家鲁思梯谦笔录成书，叫《东方见闻录》，即《马可波罗游记》。

马可波罗于1275年到达元朝大都（北京），在中国旅居17年，曾被忽必烈任命为官员，参与治理国家，足迹遍及华北、西北、西南、华东等地区。他在游记中将中国及亚洲其他国家和民族的政治社会情况、风俗习惯、宗教信仰、土特产

福建泉州港岸边的马可波罗出航纪念碑

杭州湖滨公园内的马可波罗塑像

品、逸闻奇事一一笔之于书，朴实无华，生动有趣，成为西方人了解中国的窗口。中国部分大约占全书的三分之一强，特别对元大都、扬州的繁荣作了详尽细致的描绘。他描绘了北京的城市布局、宫廷建筑、元世祖忽必烈的节庆仪式、围猎活动，等等。他特别对美丽的杭州情有独钟：那里有160万栋房屋，街道整洁，运河两岸风光秀美，沟渠纵横，上下水设备完美。杭州有3000个澡塘，居民喜爱冷水浴，但对他和其他外国人却给予热水洗澡的照顾。他还记述了自己在中国内地的见闻：中国人可杀不可辱的性格，常有弱势群体的百姓到迫害他的官员富人家门前上吊以捍卫尊严；人死后，家人给扎纸人、纸马和烧纸钱的习俗；甘肃肃州野外有大量毒草，毒死了几万匹马；四川百姓在麝鹿肚子底下采集麝香的过程，以及美丽的青楼女子，用鸽子蛋检验新娘是否处女，等等。

马可波罗不是一个只说元朝好话的作家，对元朝的弊端，特别是种族歧视和迫害，也作了认真而公正的描绘。他写了蒙古人的残忍：当护送成吉思汗的遗体回归时，沿途屠杀了两万不服从他们的居民；忽必烈的亲信、官居要职的阿合马搜刮民财，欺压汉族百姓，被反抗的汉人杀死；蒙古人侵占江南时，采取屠城政策，杀害全城汉族百姓；当地汉族百姓极度仇视蒙古人和元朝政府；常州百姓在蒙古人攻城时，于城外放置酒坛，把蒙古人灌醉，蒙古人醒来就屠杀了全城百姓；等等。

1289年，忽必烈派马可波罗护送阔阔真公主去伊利汗国（今伊朗）与阿鲁浑汗完婚。马可波罗于1291年春率14艘四桅十二帆的巨船，从泉州启航，告别中国，经苏门答腊、印度等地到达波斯。

元朝（1271—1368）是由蒙古族建立起来的庞大王朝，中国历史上第一个由少数民族统治全国的政权。蒙古族是一个古老的游牧民族，12世纪时，部落首领铁木真被各部推为大汗，称成吉思汗，蒙古族逐渐强大起来。它于公元1227年消灭西夏（1038—1227）、1234

元世祖忽必烈像

内蒙古鄂尔多斯市成吉思汗陵

年消灭金朝（1115—1234），为统一全中国做好了准备。成吉思汗死后，窝阔台、蒙哥、忽必烈先后继任大汗，疆域迅速扩大，建立了包括窝阔台、察合台、钦查、伊利四大汗国的蒙古大帝国，将现在的俄罗斯与欧洲大部、地中海东岸、两河流域、波斯与印度西北皆收入势力范围。几大汗国其实只是军事征服下的联合体，各自独立发展成为几个不相统属的国家。

公元1271年，成吉思汗之孙忽必烈在大都建立起元王朝，称为元世祖。从此，北京才逐渐成为中国此后近700年的政治、经济、文化中心。1276年，元朝发兵攻占南宋都城临安（今杭州），统一了中国全境。元朝的疆域，北至蒙古、西伯利亚，南至南海，西南至西藏、云南，西北至新疆西部，东北至外兴安岭、鄂霍次克海，面积达1200万平方公里，为中国划

元朝疆域图

定了以后的大致范围。自元末直到清朝中后期，中国的疆土在此基础上一直未发生太大变化，而蒙古族在此之后也成为中华大家庭的一部分。

元世祖忽必烈在统一中国之后，曾两征日本、两征安南（今越南北部）、两征缅甸，先后使高丽、缅甸、台城、安南等地成为元的属国。在国内，元朝将国民分为四等，即蒙古人、色目人（西夏、回回、西域等地人口）、汉人（北方）、南人（南方）。汉人的地位极低，成为了蒙古人与色目人驱使掠夺的对象。故而民族矛盾成为元代一条重要的斗争线索，尤其是建国之初和元代后期。

自忽必烈以来，农业有了极大的发展，生产技术、耕地面积、粮食产量、棉花种植都达到空前的水平。由于开凿北京至通州的通惠河，漕运得到发展；由于发行全国通行的纸币，国内商业相当繁荣。中国南方的棉花种植已非常普遍，所以纺织业也随之发展起来，棉纺织业为主的手工业和纺织技术迅速发展，出现了以黄道婆为首的一批手工业者，使当时的棉纺织技术达到相当高的水平。由于元朝实行比较开放的政策，海运业、对外贸易发达，福建泉州成为世界主要商业港口之一，使

北京妙应寺白塔，1271年由元世祖忽必烈敕令建造，是中国现存年代最早、规模最大的喇嘛塔。

北京元大都城垣遗址公园中奔跑的蒙古马雕塑。元大都城墙为夯土筑成，故又称土城。今遗址尚存约12公里，城墙外围还有护城河的遗迹，是规模最大、最能反映元大都城市规模、布局、方位的重要历史遗迹。

得欧洲与中国的交往更加频繁，技术交流更加迅速。经济的起步带动了手工业与商业外贸的发展，元朝成为当时世界上最富庶的国家之一。

元代的科学技术和文化艺术也得到长足进步。天文学居于世界领先水平，出现了扎马勒丁和郭守敬两位伟大的天文学家，扎马勒丁做出的地球仪就把地球设想为球体，郭守敬编制的《授时历》是当时最先进的历法系统。王祯的《农书》是中国历代水平最高的农业生产百科全书。医学也处于世界领先水平，《回回方》是历代医学和中国各民族医学成就的集大成者。文学艺术的成就更不可忽视，关汉卿、王实甫、马致远、纪君祥等为代表的元曲成为继唐诗宋词后一种主要的文学样式，名作迭出；书法家、画家赵孟頫的作品举世闻名。

# 十三陵
## 明代的政治

十三陵是明代帝王的陵地，位于北京西北郊的天寿山，距城区约50公里。明代自成祖至思宗14个皇帝，除景泰帝（代宗）朱祁钰的景泰陵在北京西郊的金山外，其余13位皇帝的陵墓均坐落在这里，它们是：成祖的长陵、仁宗的献陵、宣宗的景陵、英宗的裕陵、宪宗的茂陵、孝宗

长陵鸟瞰

长陵神道

的泰陵、武宗的康陵、世宗的永陵、穆宗的昭陵、神宗的定陵、光宗的庆陵、熹宗的德陵和思宗的思陵，后来就统称为“明十三陵”。

陵区占地40平方公里。陵区的第一座建筑——石牌坊，是目前国内保存下来的最大最早的石牌坊。过了石牌坊是大宫门，它是陵区的正门，门前竖立着“官员人等至此下马”碑。再往前走，便是神道了。神道长750米，两侧置石人、石兽18对36个。中国古代陵墓前放置石人、石兽早在2000多年前的秦汉时代就已经有了，主要是装饰坟墓，象征生前的仪卫。

定陵文物：皇帝戴的金冠

目前，十三陵中可供参观的只有长陵和定陵。长陵是明成祖朱棣（1403—1424年在位，年号永乐）及其皇后的陵墓，占地10万平方米。长陵的地上主体建筑即祾恩殿，是中国同类型的四大殿之一。

长陵祾恩殿

其他三大殿分别是北京故宫的太和殿、山东曲阜孔庙的大成殿和泰山脚下岱庙的天贶殿。祾恩殿占地1956.44平方米，比太和殿还要大。该殿有60根柱子，每根都是由独木制成。在太和殿内有72根柱子，但远没有祾恩殿里的柱子珍贵，因为前者是松木，而后者都是金丝楠木（楠木中最好的一种，因木纹里有金丝而得名，仅生长于西南地区的高山险要之地。由于古代被选为修建皇家宫殿、陵寝、园林等的特种材料，该树种自清代起就稀有了）。祾恩殿里的金丝楠木柱未加任何保护，却历经近600年而完好无损。

定陵位于大峪山下，埋葬着明神宗朱翊钧（1573—1620

年在位，年号万历）和他的两位皇后（孝端、孝靖）。定陵的修建，从万历十二年起到万历十八年（公元1584—1590年）止。工程共耗费白银800余万两，相当于万历初年两年的全国田赋收入，约合当时1000万农民一年的口粮。定陵地宫开掘于1956年，1959年正式建成定陵博物馆。

定陵地宫在地下27米深处，由前、中、后、左、右五个殿组成，建筑面积1195平方米。中殿内有三个汉白玉石座，座前各有一副琉璃五供和一个青花云龙大瓷缸。缸中原盛香油，油上的小铜瓢和灯芯有铜管相通，即“长明灯”。后殿是地宫最大的一个殿，是地宫的主要部分，高9.5米，长30.1米，

长陵神道一侧的石像生将军

五供，即一个香炉、一对烛台和一对花瓶，是专为供奉死者而设。图为清康熙帝泰陵前的石五供。

宽9.1米。地面铺的是磨光的花斑石。棺床正中央放置着朱翊钧的棺椁。孝端、孝靖两皇后的棺椁，分别置于朱翊钧棺椁的左、右两侧。三具棺椁的周围，放着玉料、沉香木、梅瓶及装满陪葬品的红漆木箱。从地宫中共出土3000余件文物，其中的金冠和凤冠为绝世珍品。

十三陵是中国古代墓葬文化的出色代表。中国人一直十分重视人死后的安葬，墓葬文化是中国古代文明的重要部分。一般说，帝王的墓葬是第一等级，诸侯、将相、大臣为第二等级，官员、大贾为第三等级，各有其规范，而普通百姓有个入土为安就行了。帝王的陵墓，地上建筑为前有神道，两旁是石像生，排列着神兽和翁仲。地上建筑的主体是一座纪念性大殿，是举行祭奠大典的场所，两旁有配殿，还有为祭奠准备的附属建筑宰牲亭等。殿前一般都立有神功圣德碑，为皇帝歌功颂德。大殿后是明楼，楼的中央有陵碑，刻有墓主的庙号和谥号，这些称号只有皇帝死后方可获得。明楼紧连着皇家陵墓的主体部分——宝城环绕下的宝顶，就是埋葬帝王遗骸的坟墓。

整个明代有16位皇帝，十三陵埋着13位，开国皇帝明太祖朱元璋（1368—1398年在位，年号洪武）埋葬在南京的明孝陵。朱元璋是一个强悍凶残的人，他一坐稳江山，便捏造不同罪名对功臣战将大肆屠杀。他杀害了主要谋士刘基，这就好比刘备登基后杀了诸葛亮一般。李善长是二号谋士，还是朱元璋的儿女亲家，在他77岁高龄时和全家70多口人一起被杀。大名

永陵明楼

鼎鼎的将军徐达是极少数没有被诬蔑为谋反的功臣。传说他患一种怪病，特别忌食鹅肉，朱元璋便派宦官送去一碗，看着他吃下去，徐当天就死了。宰相胡惟庸是朱元璋的主要助手，朱元璋又制造了胡惟庸谋反案，竟说胡惟庸要勾结日本谋反；还有大将蓝玉的谋反案，广为株连。仅此两案，就杀害了几万人。第三位皇帝朱棣之残忍亦不逊于其父。他极不光彩地发动夺取合法皇帝建文帝朱允炆政权的“靖难之役”，杀害了朱允炆的大臣齐泰、黄子澄等，还把不肯为他起草登基诏书的方孝孺杀害并灭族。整个明代是历代最残暴恐怖的王朝，开国帝王的人性、风格对一个王朝的兴衰和面貌起了重大作用。除了暴虐的朱元璋、朱棣之外，明朝的皇帝大都昏庸无能，有的不问

定陵地宫后殿

国事，有的专心求仙问道。明朝中后期出现了王振、刘瑾、魏忠贤等宦官专政和严嵩等权奸当道。特务政治也是明朝的特点，锦衣卫和东厂、西厂的暴行，在官员和平民中形成极其恐怖的氛围。虽然神宗时宰相张居正的改革等让人看到了希望和曙光，但毕竟积重难返，不过是过眼烟云而已，不能阻挡明朝在传位16个皇帝之后，为李自成、张献忠起义和满清入关所终结。

# 郑和下西洋
## 海洋大国的辉煌

郑和（1371—1433），本姓马，小名三宝，云南昆明人。1382年因为家乡发生战乱，被掳进明军阉割，后进入燕王府，成为明成祖朱棣的一名侍卫。当时印度洋沿岸国家大都信仰伊斯兰教，南亚许多国家则信仰佛教。由于郑和信奉伊斯兰教，懂航海，又担任内宫大太监，因此，明成祖选拔他担任正使，率船队出海。

在1405—1433年的28年间，郑和七下西洋，打开并拓展了中国和亚洲、非洲30多个国家的海上交通。他的船队横跨印度洋，在中东方向到过印度、波斯、阿拉伯的圣城麦加，在非洲方向到过非洲东岸的莫桑比克，这些壮举比其他国家的航海

郑和故乡——
云南晋宁县三宝楼

南京宝船厂遗址6号作塘，有大规模、有规律排列的造船基础遗迹。

家都早了近百年。郑和船队最多时超过200艘，其宝船的载重量达到1000多吨，船队总人数达27000多人，主要航线达40多条，总计航程16万海里。

郑和下西洋的主要目的是，清剿在东海一带猖獗的海盗，保护明朝的外部安全环境和维护海上安全；发展海外贸易，传播中华文明，还要震慑在东边兴风作浪的倭寇。郑和代表明朝宣示了“协和万邦”的人文传统，发展了官方贸易。英国著名科学史家李约瑟说，郑和的船队是当时最强大的船队，但是却没有侵占别国一寸土地，没有建立一个军事要塞，没有夺取他国一分财富，在交往中采取了宽厚友好的政策，使各国都心悦诚服。

郑和下西洋仿古宝船

永乐三年（公元1405年)六月十五日，郑和揭开了七下西洋的序幕。随郑和出使西洋的主要人员有水手、官兵、采办、工匠、医生、翻译等，而船队的性能、装备及规模都是当时世界一流的。船队有宝船62艘，满载丝绸、瓷器、金银、铜铁、布匹等物品从今江苏太仓浏河镇（古称刘家港)出发，经福建、广东到达占城（今越南中部)、爪哇、旧港（今苏门答腊岛东南部巨港)、南巫里（今苏门答腊班达亚齐)、锡兰（今斯里兰卡)、古里（今印度卡利卡特)等地。郑和前三次下西洋到达的主要为今东南亚的越南、柬埔寨、菲律宾、印尼、新加坡、马来西亚、泰国、缅甸及南亚的斯里兰卡、印度等国沿海地区。每到一个国家，郑和都以中国使者的身份上岸进行访

南京郑和纪念馆和郑和雕像

问，颁赐锦绮纱罗、瓷器、金银等礼品。

郑和的第四至第七次下西洋远航中，最远航行至非洲东海岸，到达红海地区。郑和船队的访问在亚洲、非洲沿海国家产生了广泛的影响，也激起这些国家对明朝的强烈想往。他们想看一看中国，想见一见明成祖。渤泥（今加里曼丹)和满剌加（马六甲）的国王和王后都到过中国南京，明成祖盛情接待了他们；东非的麻林国王哇顿亲自率众访问中国，不幸在福州病逝。明永乐十九年（公元1421年)，有16国的使臣抵达南京。郑和第六次下西洋的主要使命就是护送忽鲁谟斯等16国使臣返回自己的国家。郑和第七次下西洋时，还特地到伊斯兰圣地麦加朝圣。他在归国途中经过古里时不幸去世，倒在远航统帅的庄严岗位上。

郑和七下西洋加强了中国人民与亚非人民的友好关系，显示了中国人在造船、航海等方面的高超技术，证明在当时，中国在世界航海事业中居于领先地位。郑和下西洋是世界航海史上的壮举，代表了当时世界航海事业的最高峰。亚非许多国家的人民都非常怀念中国的友好使者三宝太监郑和。至今，一些亚非国家还保留着许多有关郑和的遗迹。在印度尼西亚的爪哇岛上有三宝垅市和三宝公庙，在泰国有三宝庙和三宝塔。

派遣郑和下西洋的明成祖朱棣是一个强悍而精明的皇帝。朱棣是朱元璋第四子，靠发动“靖难之役”夺取了皇位。为了镇压反抗和巩固皇位，他的统治是十分严酷的。但他又是有作为的一代明主，致力于发展经济，扩大开放，要建设一个强大统一的王朝。他极力肃整内政，巩固边防，澄清吏治。即位后五次北征蒙古，追击蒙古残部，缓解其对明朝的威胁；疏通大运河，发展交通；迁都并营建北京，成为历史上第一个定都北京的汉族皇帝。朱棣注意社会经济的恢复与发展，认为“家给人足”“斯民小康”是天下治平的根本；组织学者编纂长达3.7亿字的百科全书《永乐大典》，加强和巩固其思想统治；设立奴儿干都司，以招抚为主要手段管辖东北少数民族。明成祖可谓功绩累累的一代雄主，他缔造了当时世界上最强盛的国家：明代中国的国土面积、耕地面积、人口数量、船队吨位都居世界第一。

南京郑和墓，位于牛首山西南麓。

# 沈阳故宫
## 见证明清之交的历史

沈阳故宫是清代的开创者努尔哈赤（1559—1626年）和他的儿子皇太极（1592—1643年）建造、使用的宫殿。1625年，原来建都辽阳的努尔哈赤突然决定迁都沈阳，沈阳故宫随之开始营建。沈阳故宫共有建筑100余座，屋宇500余间，坐落在沈阳古城中心，占地6.7万平方米，宫内建筑物保存完好，

崇政殿及其门口的石麒麟

是中国仅次于北京故宫的皇家宫殿建筑群。清迁都北京后，这座宫殿被称作“陪都宫殿”“留都宫殿”。它在建筑艺术上继承中国古代建筑传统，融汉、满、蒙各族艺术于一体，有很高的历史价值。2005年，沈阳故宫申请世界文化遗产扩展项目成功。

沈阳故宫以崇政殿为中心。从大清门到清宁宫为一条中轴线，将故宫分为东、中、西三路。中路为故宫主体，崇政殿（金銮殿）为主体的核心，是皇太极处理朝政之所，配以飞龙阁、翔凤阁、师善斋、协中斋、日华楼。后面有凤凰楼、清宁宫，还有皇帝妃嫔寝居的东西配宫，以及颐和殿、介祉宫、敬典阁、迪光殿、保极宫等。东路建筑以大政殿为中心，辅以左右翼王亭、八旗亭，统称“十王亭”。这是清王朝入关前八旗建制的象征，是早期八旗兵制在宫殿建筑中唯一的标志性遗存。大政殿是用来举行大典，如颁布诏书、宣布军队出征、迎接将士凯旋和皇帝即位等的地方。十王亭则是左右翼王和八旗大臣办事的地方。这种君臣合署办事于宫廷的现象，在历史上是少见的。从建筑上看，大政殿也是一个亭子，不过它的体量较大，装饰比较华丽，因此称为宫殿。　大政殿和呈八字形

大正殿与十王亭

凤凰楼及其周围的屋顶。凤凰楼最初是皇太极计议军政大事和举行宴会的地方，曾经是盛京（沈阳）最高的建筑。

排开的十座亭子，其建筑格局乃脱胎于少数民族的帐殿。这11座亭子，就是11座帐篷的化身。帐篷是可以流动、迁移的，而亭子就固定起来了。西路建筑以文溯阁为中心，配以仰熙斋、嘉荫堂等，是贮藏《四库全书》和皇帝读书的地方。

沈阳故宫博物院所陈列的多半是旧皇宫遗留下来的宫廷文物，如努尔哈赤用过的剑、皇太极用过的腰刀和鹿角椅等。此外，这里珍藏的艺术品如明、清两代一些绘画大师的作品也很丰富。

沈阳故宫是满族发祥之地的象征，它见证了努尔哈赤、皇太极等英武帝王奋斗起飞的辉煌历史，也记录了明朝在东北地区的失败和整个明朝的灭亡。在一个民族于艰难困苦中崛起壮大的进程中，努尔哈赤起了不可替代的作用。努尔哈赤生于今辽宁新宾县赫图阿拉，先世受明朝册封，任建州左卫都指挥使，青年时常到抚顺互市，通蒙汉语。明万历十一年（公元1583年）以遗甲十三副兴师起兵，逐步统一建州各部，又合并了松花江地区的西海部和长白山地区的东海各部，控制了东北地区，创建八旗制度，发明满文。1616年，他在赫图阿拉即汗位，国号金，史称后金，建元天命，“自东海至辽边，北自蒙古嫩江，南至朝鲜鸭绿江，同一音语者俱征服”，“诸部始合为一”。1618年以义正词严的“七大恨”名义，起兵反明，屡败明军。1619年，明崇祯皇帝派杨镐统11万大军进攻努尔

清宁宫顶的神兽

哈赤的首都赫图阿拉，努尔哈赤率领八旗各部，采取“你从各路来，我自一路去”的战略方针，在萨尔浒大败明军，杀死总兵杜松，共消灭明军 6 万。1625 年，努尔哈赤迁都沈阳。1626 年亲率大军攻明，被明将袁崇焕打败，受伤去世（一说疽发而死）。1627 年其子皇太极即后金汗位，改元天聪。1636 年改后金为清，称皇帝，为清太宗。皇太极是一位智勇双全的英才，一位卓越的统帅和战略家，在萨尔浒战役中立下过汗马功劳。他继续了努尔哈赤的事业，巩固经济基础，极力网罗人才，精心谋划战事，使彻底战胜明朝成为绝对不可逆转之事。有趣的是，这位权重势大、一言九鼎的皇帝却是一位极难一见的情种。他挚爱的辰妃辞世，令他悲伤过度，身心俱废，两年后也撒手人寰。这也是一个为美人丢弃生命和皇位的例证。

明清交替之际另一个值得大书特书的人物是明代的民族英雄、

皇太极调兵木信牌

袁崇焕墓，位于北京市广渠门内东花市斜街52号院内。

抗清名将袁崇焕。袁崇焕（1584—1630年）是广西藤县人，祖籍广东东莞，万历四年（公元1576年）进士。他中进士正值明军兵败萨尔浒那年，因此立下救国的雄心壮志。1622年任兵部主事，单骑出关，考察形势，还京后自请镇守辽东。他修筑了宁远（今辽宁兴城）等城，屡次击退后金（清）军的进攻，1626年取得宁远大捷，升任辽东巡抚。1627年又取得宁锦大捷，皇太极大败而去。袁崇焕被崇祯帝授予兵部尚书衔，督师蓟辽，被全国军民视为干城。1630年，崇祯帝中皇太极反间计，将袁崇焕凌迟处死。明朝失去了这位伟大的保卫者，终于1644年覆灭。

中国是一个多民族的国家，在民族争斗、融合的历史进程中，对民族历史和民族英雄的认识也因采取不同的视角而得出截然不同的结论。在满族发展的历史上，努尔哈赤和皇太极都是为本民族发展和融合作出贡献的英雄，而保卫明朝、英勇献身的袁崇焕也是民族英雄。他们在那腥风血雨、战马鸣镝的日子里都出色地扮演了自己的历史角色，值得后代人深情追怀。

# 北京故宫
## 中国古代文明的标志

北京故宫旧称紫禁城，是明清两代皇宫，中国现存最大最完整的古建筑群。1988年被联合国教科文组织列为“世界文化遗产”。故宫占地72万平方米，屋宇8700间，建筑面积16.3万平方米，为一长方形城池，四角矗立着风格绮丽的角楼，墙外有宽52米的护城河环绕，形成一个森严壁垒的城堡。故宫的建筑气势雄伟、豪华壮丽，是中国古代建筑艺术的精华。

我们今天看到的故宫主要是清朝修建的。1644年，清顺治帝至北京时，故宫的大部已在明末农民起义中被烧毁。经过数十年的战争，全国生产遭到严重的破坏，因此清朝前期的几位皇帝推行了不少恢复经济的措施。从康熙（1662—1722年）中叶起，清朝出现了相对繁荣的局面，到雍正（1722—1735年）、乾隆（1735—1796年）年间，清朝国力达到鼎盛。这100多年的时间，被称为“康乾盛世”。康乾盛世是中国封建社会的最后一个治世，整个社会呈现出安定、富庶的景象，中国的人口也首次突破1亿。清朝成为当时世界上最强大的帝国之一。得益于经济的繁荣，至康熙三十四（公元1695年）年，

雪后的太和殿

午门内侧与内金水河

故宫的修复工作基本完工。此后乾隆帝在位的60年间，对故宫进行了大规模的改扩建。从18世纪末至今，故宫基本上保持了当初的面貌。

故宫有四个大门，南面的正门名为午门，俗称五凤楼。其平面为凹形，中有主楼，面阔九间，重檐为庑殿顶，两翼各有重檐楼阁四座。午门后有五座精巧的汉白玉拱桥通往太和门。东门名东华门，西门名西华门，北门名神武门。故宫宫殿的建筑布局有外朝、内廷之分。

外朝以太和、中和、保和三大殿为中心，是封建皇帝行使权力、举行盛典的地方。太和殿俗称金銮殿，在故宫的中心部位，是故宫三大殿之一，建在高约5米的汉白玉台基上。台基四周矗立成排的雕栏，称为望柱，柱头雕以云龙云凤图案。前后各有三座石阶，中间石阶为雕有蟠龙、衬托以海浪和流云的“御路”。殿内中间是封建皇权的象征——金漆雕龙宝座。太和殿红墙黄瓦、朱楹金扉，是故宫最壮观的建筑。中和殿和保和殿位于太和殿之后。

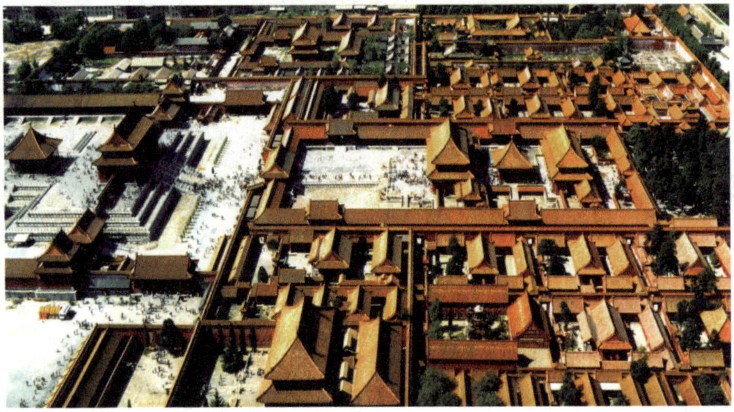

故宫宫殿群鸟瞰

故宫建筑的后半部叫内廷，以乾清宫、交泰殿、坤宁宫为中心，东西两翼有东六宫和西六宫，是皇帝平日办事和后妃居住生活的地方。后半部的建筑风格同于前半部，但布局有所变化。前半部建筑形象严肃、庄严、壮丽、雄伟，以象征皇帝的至高无上；后半部则富有生活气息，建筑多自成院落，有花园、书斋、馆榭、山石等。乾清宫在故宫内廷最前面，是皇帝居住和处理政务之处。清雍正后皇帝移居养心殿，但仍在此批阅奏报，选派官吏和召见臣下。交泰殿在乾清宫和坤宁宫之间，含天地交合、安康美满之意。坤宁宫在故宫“内廷”最后面，明代为皇后住所，清代改为祭神场所。其中东暖阁为皇帝大婚的洞房。坤宁宫的北面是御花园，园里有高耸的松柏、珍贵的花木、奇异的山石和风格各异的亭阁。

置于太和殿前左侧的日晷，古代用来以太阳射影确定时刻。

中和殿与保和殿

乾清宫“正大光明”匾和皇帝宝座

整个皇宫的前半部没有一棵树木，因为怕树木挡住了视线，隐藏图谋不轨之人。只有到了皇宫最北端才见树木花草。

故宫这一无与伦比的古代建筑杰作基本上都是木结构、黄琉璃瓦顶、青白石底座，饰以金碧辉煌的彩画。这些宫殿是沿着一条南北向中轴线排列，并向两旁展开，南北取直，左右对称。这条中轴线不仅贯穿在紫禁城内，而且南达永定门，北到鼓楼、钟楼，贯穿了整个城市，气魄宏伟，规划严整，极为壮观。建筑学家们认为故宫的平面布局、立体效果，以及形式上的雄伟、堂皇、庄严、和谐，都可以说是世上罕见的。它是中国人天人合一的思想观念的形象展示，代表中华民族悠久的文化传统，显示着500多年前匠师们在建筑上的卓越成就。故宫是博大精深的中华历史和文化的浓缩和集中象征，也是世界各地的朋友来到中国必去的第一处名胜。

游览故宫，一是欣赏丰富多彩的建筑艺术；二是观赏陈列于室内的珍贵文物。清朝灭亡后，故宫于1925年10月成立博物院。现在的北京故宫博物院藏有近100万件珍贵文物，占全国文物总数的1/6，其中有很多是绝无仅有的国宝。在几个宫殿中设立了历代艺术馆、珍宝馆、钟表馆等，爱好艺术的人在这些无与伦比的艺术品前，往往久久不忍离去。设在故宫东路的珍宝馆，展出各种奇珍异宝。如一套清代 金银珠云龙纹

铜香炉

故宫角楼

甲胄，通身缠绕着16条龙，形态生动，穿插于云朵之间。甲胄是用约60万个小钢片连接起来的，每个钢片厚约1毫米，长4毫米，宽1.5毫米，钻上小孔，以便穿线连接，据说共用了4万多个工时。在这里集中欣赏中国几千年的艺术和工艺珍品，是游客最聪明的选择。

御花园千秋亭

# 香 港
## 从割让到回归

从1842年割让香港到1997年香港回归，145年沧桑见证了中国从衰败到复兴的历史。

香港现在是中国的一个特别行政区，位于南海之滨，珠江口东侧，深圳市之南，分为香港岛、九龙、新界三部分。面积1095平方公里，人口690万。1840年英国发动侵略中国的鸦片战争，1842年强迫中国签订《南京条约》，永久割让香港岛给英国。1860年英国又强迫中国签订《北京条约》，永久割占

1997年7月1日凌晨，香港国际会展中心内政权交接仪式现场。

太平山上俯瞰夜晚的香港与九龙

九龙半岛界限街以南地区。1898年英国强迫清政府签订《展拓香港界址专条》，强行租借九龙半岛北部大片地区，称为“新界”，租期99年，至1997年6月30日期满。中国人民一直反对上述三个不平等条约，为收复失地，进行了长期不懈的斗争。1982至1984年间，中国政府和英国政府举行了一系列谈判，最终签订了《中英关于香港问题的联合声明》，决定1997年中国政府恢复对香港行使主权。1997年7月1日，英国把香港归还中国。中国政府在香港实行“一国两制”“港人治港”、高度自治的方针，颁布了《香港特别行政区基本法》，除外交和国防事务之外，其他事务全由香港特别行政区政府自行决定。香港原有社会制度、生活方式不变，法律不变。

香港为自由港，是亚太地区及世界贸易、金融、航运、旅游、信息最重要的中心之一。现已形成纺织、服装、电子、钟表、塑料、电器为主的出口加工工业体系。香港有香港大学、香港中文大学、香港科技大学等著名高校，有铜锣湾、上环、中环、旺角、尖沙嘴等商业区，有海洋公园、香港公园、

香港国际会展中心外景

香港维多利亚湾

香港大佛、宋城、九龙城寨公园、浅水湾等名胜。香港是名副其实的东方明珠，它的人均GDP在亚洲仅次于日本，在亚洲和全世界，它的竞争力和自由度都居于前列。回归之后的20多年间，香港和内地经济联系日益密切。有广袤的国土做后盾和腹地，香港的经济更加繁荣，战胜了亚洲金融危机，社会生活更加稳定，在世界上的地位继续得到强化。

鸦片战争是中国近代殖民地半殖民地社会的开始，也是中国走向衰败的开始。依仗船坚炮利，英国打破了大清帝国脆弱的东南沿海防线，一直打到南京，逼迫道光皇帝签订了破坏中国领土主权完整的《南京条约》。接着，列强纷纷效仿，采取威胁讹诈和军事进攻两手，逼迫中国政府签订不平等条约、割地赔款、设立租界，掠夺中国的资源和劳动力，中国由此进入殖民地半殖民地时期。香港被英国占领之后的100多年，是中国灾难深重的时期，也是中国人民奋起反抗、自强自救的时期。一方面，帝国主义的侵略在加深加剧，英法联军侵华、中法战争、八国联军侵华、中日甲午战争、五卅惨案、九一八事变、七七事变，把中国人民推向灾难和战争的深渊！另一方面，中国人民在时代先驱的鼓舞和率领下，为祖国的独立和统一进行了不屈不挠的斗争。从林则徐的虎门销烟、富国强兵的洋务运动、寻求政治出路的戊戌变法、推翻千年帝制的辛亥革命、给封建军阀最后一击的大革命、全民奋起的抗日战争、推翻蒋介石独裁统治的解放战争，直到中华人民共和国成立，中国人民终于取得祖国的完全独立。

抗日战争胜利、中华人民共和国成立和邓小平倡导的改革开放是20世纪中国最伟大的事件，是将中国推向强盛、复兴的几个关键。作为世界反法西斯战争的一部分，中国的抗日战争早于欧战，从1937年7月7日就开始了，直到1945年9月3日日本签订中国战区投降协议书为止。在八年抗战中，中国军民牺牲达3500万，财产损失超过1万亿美元。抗日战争的胜利，是

1945年9月9日上午9时，中国战区日军正式投降仪式在南京陆军总部礼堂举行，侵华日军总司令冈村宁次在投降书上签字。

中国近代以来第一次在反侵略战争中取得全面胜利，被日本抢占半个世纪的宝岛台湾也得以收复。中国以作出重大贡献的战胜国的姿态出现在世界舞台，赢得了联合国安理会常任理事国的尊崇地位。当时中国政府希望借此机会收复香港，但终因国力所限，被日本占领三年多的香港重又被英国接管。

1946年，中国爆发了史称“解放战争”的内战。中国共产党领导下的人民解放军最终战胜了国民党军队，推翻了国民党政府的统治。蒋介石集团退守台湾。1949年10月1日，中华人民共和国成立，毛泽东主席在天安门城楼上向全世界宣布了这一喜讯。中国至此彻底摆脱了帝国主义的魔掌，实现了真正的独立和解放。新中国在经历了百年侵略的国土上实现了国民经济的恢复，进而开展了大规模的经济建设。

发动于1966年的“文化大革命”，形成十年动乱，使中国的经济、政治、文化都受到极大的冲击、破坏和损失。从1978年起，伟大的政治家邓小平领导这个古老而年轻的国家走上了改革开放的新时代，取得空前的成功，他本人也被称为“改革开放的总设计师”。他还提出了用“一国两制”的方式解决香港、澳门、台湾问题，实现祖国和平统一的构想，并亲自领导、参与了和英国关于香港回归的谈判。中英双方共同商定，香港岛、九龙和新界于1997年7月1日归还中国。继香港回归之后，被葡萄牙占领400多年的澳门也于1999年12月20日回归祖国，成为又一个特别行政区。

在这一时期，中国的生产力得到突飞猛进的发展，人民生活水平得到很大提高，国家面貌发生了深刻变化。目前，中国的国民经济GDP总量已跃居世界第二位，外贸规模居世界第一位，外汇储备居世界第一位，竞争力和发展指数进一步提升。中国实现了载人航天，建设了青藏铁路、西气东输、三峡水利枢纽等伟大工程。2008年奥运会成功举办，极大地鼓舞了

2007 年 7 月 1 日，香港各界举行庆回归十周年大巡游活动，5000 多人参与演出，数万市民现场观看。图为巡游中的社火表演。

中国人民的建设热忱，提升了中国在世界上的影响。

2007年7月1日，香港迎来了回归十周年的日子。全世界的目光再一次集中在香港，他们发现，香港没有像回归前夕一些西方媒体所宣扬的那样走向死亡，而是比十年前更加繁荣，更加有活力。香港回归十年的巨大变化，无可辩驳地印证着“一国两制”构想的伟大成功。“一国两制”既维护了中国的主权统一，同时又能充分地照顾历史的因素，因此，它能发挥历史桥梁的作用，成为团结凝聚中华民族的巨大精神支柱。

# 万里长城：中国的象征
## （代后记）

在结束这次历史之旅之际，让我们借助万里长城来回顾一下中华古代文明。长城纵贯了2500多年的中国历史进程，横跨了中国北方十几个省市区的广大地域，它不愧为中国的象征。

长城是中国伟大的军事防御工程建筑，规模浩大、工程艰巨，被誉为古代人类建筑史上的一大奇迹。

长城始建于公元前5世纪的春秋战国时代，当时北方各国纷纷修建防御性的长城，以互相防御并防止北方草原民族侵扰。公元前3世纪秦始皇统一中国，派遣大将蒙恬率领30万大军北逐匈奴后，把原来分段修筑的东起辽东、西至甘肃临洮的

甘肃敦煌汉代长城遗迹

嘉峪关悬壁长城

长城连接起来，并且继续修建，主要目的是防御北方游牧民族的侵扰，在今天的陕西、内蒙古等地仍能见到这些长城的遗存。因此秦始皇被公认为修建长城的肇始者。其后历代不断维修扩建，到公元17世纪中叶的明代末年，前后修筑了2000多年。到清代，康熙帝采用“怀柔”政策，决心罢修长城，从此长城成为历史的遗迹。现存的万里长城西起甘肃河西走廊的嘉峪关，东至河北东北部濒临渤海的山海关，而明长城向东延至鸭绿江附近。长城总长度为6300多公里，约合13000华里，基本保存完好，因而被称为“万里长城”。长城是历代中国人付出了极其艰巨的劳动和牺牲的产物，是中国古老文明的象征。长城已列入世界遗产名录，在2007年7月揭晓的世界新的七大奇迹评选结果中，名列第一。长城是来中国及北京的国际友人必访的名胜古迹，许多人穿着印有毛泽东诗句“不到长城非好汉”的衣衫，快快乐乐登上雄伟的长城，留下了永难忘怀的记忆。

北京慕田峪长城

烽火台

嘉峪关关城鸟瞰

长城不是一道孤立的城墙，而是由关城、敌楼、烟墩等组成的完整的军事防御体系。历代修筑长城都依照“因地形用险制塞”的原则，关城隘口或建在山峡深谷、危崖绝壁之间，或建在河流转折之处，或建在交通要塞。到了明代，城墙防御体系极其严密，城墙以砖石砌成，高约10米，宽约5米，内为宇墙，外为垛口。墙上每隔30—100米建有敌楼，敌楼有实心和空心两种。实心敌楼只能在顶部瞭望射击，而空心敌楼下层住人，顶部可瞭望射击。敌楼还有储藏军械、粮草的券室和运兵通道。在高居山岭的城墙上还垒砌有碉堡式烟墩，一旦战争爆发，位于前线的烟墩点烟报警，顷刻之间消息即可传遍全线，士兵通过能容

嘉峪关关楼

山海关

十人并行的墙顶通道奔赴战场，从垛口进行射击。历代长城沿线的交通要道上设有关隘或关城，并派重兵镇守，如明代设立“九边”重镇，即辽东镇、蓟州镇、宣府镇、大同镇、太原镇、榆林镇、宁夏镇、固原镇、甘肃镇等。这些重镇分区、分段把守长城。著名的关城有山海关、居庸关、嘉峪关等。

位于北京西北延庆县的八达岭长城，海拔1015米，建有关城。关城有东西二门，东门题额“居庸外镇”，西门题额“北门锁钥”。这一段的城墙依山势修筑，墙身高大坚固，下部为条石台基，上部采用大型城砖砌筑，内填泥土和石块。顶部地面铺墁方砖，嵌缝密实。内侧为宇墙，外侧为垛墙，垛墙上方有垛口，下方有射洞。位于北京昌平区的居庸关长城，是长城的一个主要关隘，地势险要，有“一夫当关，万夫莫开”的气势，为历代兵家必争之地。这里的城墙平均高8.5米，厚6.5米，顶宽5.7米，女墙（长城顶部两侧连绵的凹凸的小墙，用于掩护）高1米，可容五马并驰或十人并进。这里山峦起伏，花木郁茂葱茏，仿如碧波翠浪，故有“居庸叠翠”之称，为“燕京八景”之一。地处河北滦平县的金山岭长城，相传是明代抗倭名将戚继光和谭纶修建的。长约30公里的城墙，依山势蜿蜒而行，烽火台巍峨高大，城关要塞星罗棋布，楼台密集，共有158座之多。作为长城东起点的山海关，坐落在河北省秦皇岛东北，是中国华北与东北交通必经的关隘。1381年，明初大将徐达在此修筑长城，建关城设卫。关城北倚峰峦叠翠的燕山山脉，南临波涛汹涌的渤海湾，有城门四座，东门内悬“天下第一关”匾额。长城西部终点嘉峪关位于甘肃省戈壁滩上的嘉峪关镇西南隅，建于1372年（明洪武五年），地势险要，建筑雄伟，是扼守河西走廊的第一要隘，也是古代丝路必经之地。

长城是中国古代劳动人民勤劳和智慧的结晶，虽然现在早已失去了军事防御的价值，但它体现了中华民族自尊、自信、自立、自强的精神与意志。有这样的精神与意志，中国人民必将创造新的辉煌，迎来中华民族的伟大复兴。